*Joel S. Goldsmith: Ein Leben zwischen zwei Welten*

Werke von Joel S. Goldsmith:

Der Geist, der in uns lebt

Die Kunst der geistigen Heilung

Die Kunst der Meditation

Erleuchtung auf dem Weg zur Verwirklichung

Der Donner der Stille

Der Weg zum Unendlichen

JOEL S. GOLDSMITH

# EIN LEBEN ZWISCHEN ZWEI WELTEN

HEINRICH SCHWAB VERLAG
SCHOPFHEIM

Der Inhalt dieses Buches erschien zuerst 1967
in der Form von 12 Lehrbriefen, die in der Zeitschrift „Der Weg zur Verwirklichung" herauskamen.

Deutsche Bearbeitung: Gisela Prym-v. Becherer


Printed in Germany
ISBN: 3-7964-0011-6

*„Wo der Herr nicht das Haus baut,*
*da arbeiten umsonst, die daran bauen.“*

*Psalm 127*

Erleuchtung löst alle materiellen Bande und verbindet die Menschen mit der goldenen Kette geistigen Einvernehmens; sie erkennt allein die Führung von Christus an; sie besitzt keine Regel und kein Ritual als nur die göttliche, unpersönliche, alles umfassende Liebe; keine andere Verehrung als die innere ewigbrennende Flamme im Schrein des Geistes. Diese Vereinigung ist der freie Stand geistiger Bruderschaft. — Die einzige Beschränkung ist die Zucht der Seele, daher kennen wir eine Freiheit ohne Übertretungen. Wir sind ein geeintes Universum ohne räumliche Begrenzungen; ein heiliger Dienst für Gott ohne Zeremonie oder Glaubensbekenntnis. Die Erleuchteten wandeln furchtlos — durch Gnade.

*Der Weg zur Verwirklichung*

## Inhalt


1. Kapitel: Die Tür zum Unendlichen öffnen 9

2. Kapitel: Das Wesen geistiger Vollendung 28

3. Kapitel: Ostern, ein Auferstehen aus der materiellen Einstellung 46

4. Kapitel: Die Wirkung des „fleischlichen Arms" und die Wirkung der Wahrheit 64

5. Kapitel: Die Welt der materiellen Vorstellung und die Welt der geistigen Erkenntnis 81

6. Kapitel: Den Übergang von der persönlichen Einstellung zum geistigen Sein vollziehen 102

7. Kapitel: Das Bewußtsein der Allgegenwart 118

8. Kapitel: Der Weg zur Erfüllung: richtige Identifizierung 137

9. Kapitel: Durch Versöhnung zum Instrument der Gnade werden 156

10. Kapitel: „Wählet" 173

11. Kapitel: Geistige Versorgung 188

12. Kapitel: Macht und Herrschaft 203

*1. Kapitel*

## Die Tür zum Unendlichen öffnen

Kulturen sind gekommen und gegangen; Kulturen haben geblüht und sind wieder verschwunden; und es gibt keinerlei Gewißheit, daß unsere heutige Kultur von ewiger Dauer ist. Es besteht durchaus die Möglichkeit, daß sie von der Bildfläche verschwindet, genau wie andere Kulturen auch. Später einmal wird vielleicht eine neue Menschenrasse ein paar Überreste von jenen Schachteln finden, die wir Gebäude und Wohnungen nennen und vielleicht sogar Beatle-Platten, die von dem Stand unserer Kultur Zeugnis ablegen. Worauf es mir ankommt ist, daß ebenso wie frühere Kulturen untergegangen sind, auch noch weitere verschwinden können, es sei denn, daß das gefunden und verwirklicht wird, was bis jetzt noch jeder Mystiker offenbart hat, nämlich daß im Menschen die Fähigkeit ruht, zu seines Vaters Hause zurückzukehren. Dem Menschen ist die Kraft angeboren, Schutzmaßnahmen wie die Selbsterhaltung abzulegen; er besitzt die Fähigkeit, die Tür in seinem Bewußtsein aufzutun und den *Geist Gottes* zu empfangen.

Es gibt zwei Bewußtseinsebenen; zunächst die geistige, unkörperliche, wie sie im I. Kapitel der Genesis beschrieben wird. Hier haftet dem Menschen, der als Bild und Gleichnis Gottes geschaffen ist, weder Sünde noch Krankheit, Tod, Not oder Beschränkung an. In diesem Bewußtseinszustand gibt es keine Kriege und keinerlei Unmenschlichkeiten der Menschen untereinander. Die andere Ebene, die Schöpfung nach dem II. Kapitel der Genesis, ist die Welt des menschlichen Geistes, die Welt von Gut und Böse. Es ist die von Jehova, Gott dem Herrn, geschaffene Welt, die wir heute als die Welt des Verstandes, Gesetzes verstehen.

Diejenigen, die in das Bewußtsein vom I. Kapitel der Genesis hineingeboren sind, haben weder Vater noch Mutter. Sie sind Melchisedek, haben keine leiblichen Nachkommen und keine menschlichen Vorfahren. Sie sind unkörperlich. Wer aber von irdischen Eltern abstammt, ist in das irdische Bewußtsein hineingeboren, und das heißt, in ein Bewußtsein von Gut und Böse, was ja das Menschsein ausmacht.

Wenn wir den Glauben an die zwei Mächte aus unserem Bewußtsein entfernen könnten, wenn wir uns von dieser allgemeingültigen Vorstellung an zwei Mächte trennen könnten, wären wir hier auf Erden in unserm irdischen Leib schon göttlich. Es ist unser irdisches Menschsein, das uns glauben läßt, wir könnten leben, wenn wir unsern Feind vernichteten, wir könnten vorwärtskommen, wenn wir die Konkurrenz kaputt machten, oder wir würden groß, wenn wir jemanden der Freiheit beraubten. In dem Maße, wie wir von dem Glauben an Gut und Böse ablassen, wird es uns unmöglich, jemandem zu schaden oder ihm übel zu wollen.

## *Die zwei Menschen*

Das Wesen des Menschen, den Paulus „die Kreatur" und „den natürlichen Menschen" oder den irdischen Menschen nannte, ist selbstsüchtig, die Eigensüchtigkeit selbst. Ein Sauerteig ist notwendig, um seine Kruste der Selbsterhaltung aufzubrechen. Dieser Sauerteig ist der *Geist Gottes* im Menschen, der, wenn Er zur Wirkung kommt, den Menschen auf Seine Ebene erhebt.

Und dann haben wir anstelle des Menschen, „der Odem in der Nase hat"* , anstelle des irdischen Menschen, den Mann Gottes, den Menschen, dessen Wesen in Christus ist.

Der Meister behauptet nicht, es gäbe nur einen Menschen und der sei geistig. Er gab zu, daß zwei Menschen da seien, der irdische Mensch — die Kreatur, der Sterbliche, „das Otterngezücht" — und die göttliche *Gegenwart* im individuellen Bewußtsein, die, wenn Sie ** erkannt und befreit wird, den Menschen vom sterblichen zum unsterblichen macht und vom irdischen Menschen zum Sohn Gottes. Jesu ganzes Wirken bestand darin, ein Grundprinzip zu offenbaren, durch welches das geschehen könnte.

Der Mensch kann nicht mit Hilfe eines Diploms oder Zulassungsscheins vergeistigt werden. Er kann auch nicht durch eine Organisation eingesetzt werden. Feiertage oder heilige Feste können nicht durch äußerliche Zeremonien begangen werden; wenn diese nicht eine innere Bedeutung haben, sind sie wertlos.

Der Meister tat kund, daß der Mensch vom *Geiste* geweiht sein müsse, vom *Geiste* erhoben. Keine einzige der äußerlichen Zeremonien trägt irgend etwas zum geistigen Leben und der Entwicklung eines Menschen bei, wenn und soweit der äußere Ritus nicht von einem inneren *Geist,* einer *Gnade,* begleitet ist.

Wir sagen, wir glaubten an Gott und hätten Vertrauen zu Gott. Während das jedoch wohl ein angenehmes Gefühl sein mag, so ist es doch dem geistigen Fortschritt abträglich, denn

* Vgl. Röm. 8:20; 1. Kor. 2:14; Jes. 2:22.

** In der geistigen Weltliteratur werden die verschiedenen Gottesvorstellungen durch Wörter wie *Vater, Mutter, Seele, Geist, Prinzip, Liebe, Leben* wiedergegeben. Deshalb verwendet der Autor jeweils die Fürwörter *Er, Sie, Es* oder *Selbst,* wenn er sich auf Gott bezieht

Glauben und Vertrauen bedeuten gar nichts. Es ist die Erfahrung der *Gegenwart Selbst,* die die Wirkung hervorruft. „Denn er vollführt, was mir bestimmt ist." Es gibt einen Er, obwohl es eigentlich nicht ein Er ist; Es ist ein Es. Gott ist *Geist,* aber der göttliche *Geist* ist wirklich und greifbar. Wenn wir auch Gott nicht sehen, hören, schmecken, berühren oder durch den Geruch wahrnehmen können — wie auch nicht den Geist Gottes — so vermögen wir Ihn doch zu erfahren, indem wir unser Bewußtsein auftun, jene innere Tür öffnen, die in uns ist.

### *Dem Öffnen der Tür folgt größere äußere Aktivität*

Die Meditation ist der Schlüssel, der die Tür öffnet. „Ich stehe vor der Tür und klopfe an." Dieses *Ich* * ist Gott. Die Tür ist in uns; das ganze Reich Gottes ist in uns. Deshalb öffnen wir keine Tür nach außen zur äußeren Welt. Wir öffnen sie nach innen, zu unserem inneren Bewußtsein, zu tieferen Schichten unseres Selbst.

Durch dieses Öffnen der Tür kommt der verborgene Glanz an's Tageslicht: „Ich habe eine Speise zu essen, von der ihr nicht wisset." Wir haben eine Substanz in uns, einen Bereich, ein Wirken, ein Gesetz, was in der geistigen Sprache mit „Speise", „Brot", „Wein", „Wasser", die Substanz des Lebens oder die Substanz jeglicher Form bezeichnet wird. Wir öffnen diese Tür in unserm Bewußtsein, auf daß aus unserm Innern das *Unsichtbare,* das wir als Gott erkannt haben, Christus oder der göttliche Geist im Menschen, nach außen gelangen möge. Es ist die unsichtbare Substanz und Wirksamkeit, das göttliche Gesetz; es ist die Gnade Gottes. Wir öffnen die Tür im Innern, um diese *Gnade* zu empfangen.

* *Ich* im Kursivdruck bezieht sich immer auf Gott.

Es ist dies keine Flucht vor dem Leben; denn wenn es uns gelingt, diese Tür zu öffnen und zu jenem inneren Bereich zu gelangen, dann haben wir mehr zu tun als je zuvor. Wenn wir bei diesem Reich Gottes angekommen sind und mit Ihm Kontakt aufgenommen haben, leben wir nicht mehr für uns selbst, nicht einmal allein für unsere Familie, sondern nehmen aktiver am weltlichen Leben teil und an den Dingen, die zu einem glücklicheren, erfolgreicheren, friedlicheren Leben beitragen.

Aus dem Innern dieses göttlichen Reiches wird uns der Lebensweg ganz praktisch offenbart, sei es im politischen oder geschäftlichen Leben, in der Erziehung oder unserm Familienkreis. Das Reich Gottes hat es nicht mit etwas, was vom Leben abgesondert ist, zu tun; es befaßt sich mit unserem täglichen Alltag. Es will uns nicht aus dieser Welt herausnehmen, sondern uns vielmehr in ihr lassen, abgesondert und getrennt von deren negativen Seiten.

## *Die Wirkungen „Meines Friedens“*

Jenes *Ich* selbst, das vor der Tür unseres Bewußtsein steht und anklopft, ist gekommen, um das Leben und volle Genüge zu geben. Es bringt uns „Meinen Frieden . . . nicht wie die Welt ihn gibt“, sondern *Meinen* * Frieden, den Frieden des *Ich*. Es hat keinen Zweck, draußen umherzuschauen, in welcher Form er wohl in Erscheinung treten wird, denn er kommt in keiner weltlichen Gestalt. Seltsamerweise jedoch wandelt und erneuert dieser innere Friede die Formen des äußeren Lebens. Er wandelt unsere Beziehungen zu den Mitmenschen. Er wandelt die Art

* Die Worte *Mein* und *Mich* in Kursivdruck beziehen sich immer auf Gott.

und den Umfang unserer Versorgung, denn es ist Seine Aufgabe, dafür zu sorgen, daß wir reichlich ernährt und gekleidet sind. Alle diese Dinge werden uns zufallen, jedoch nicht, wenn wir uns um diese Dinge kümmern und sorgen:

*Lassen wir alle Gedanken an Dinge. Wenden wir uns nach innen und lassen Mich ein. — Öffne die innere Türe deines Bewußtseins, auf daß Ich in den Tempel deines Seins kommen kann. Ich bin der Herr deines Seins. Öffne die innere Tür und laß Mich ein, und laß Mich in dir weilen.*

*Sei gelöst und ruhe in dieser Zusicherung, sei ein Beobachter, wenn Ich dir vorangehe, „das Krumme gerad' zu machen", dir „die Stätte zu bereiten",* dir einen Weg zu bahnen, Ich, jener göttliche Geist in dir. Dies ist Meine Aufgabe. Deshalb habe Ich den Samen meines Selbst in dich gelegt. Deshalb habe Ich dir Meinen Atem eingehaucht.***

In unserer Arbeit liegt der Schwerpunkt nicht darauf, daß wir uns selbst wandeln und uns bemühen, besser, liebevoller, gerechter oder freundlicher zu sein. Unsere ganze Aufmerksamkeit ist darauf gerichtet, diesen *Geist* einzulassen, worauf

* Vgl. Hiob 23:14; Off. 3:20; Joh. 4:32; Jes. 45:2; Joh. 14:2.

** Die kursiv geschriebenen Zeilen in dieser Zeitschrift sind spontane Meditationen, die dem Verfasser in Augenblicken erhöhten Bewußtseins gekommen sind; sie sollen nicht als Formeln gelten — etwa zur Bekräftigung oder Ablehnung. Sie sind hin und wieder angeführt als Beispiele für das freie Fließen des Geistes. So wie der Leser in der Übung der Vergegenwärtigung fortschreitet, wird auch er, in entrückten Momenten, die ständig neue und frische Inspiration als das Ausgießen des Geistes empfangen.

dann *Er* liebevoller und freundlicher sein wird — durch uns hindurch und in uns. Er wird Geduld zum Ausdruck bringen und Wohlwollen in uns. Wir brauchen uns um diese Dinge keine Gedanken zu machen; wir werden Instrumente *Seiner* Gnade und Herrlichkeit sein. Wir werden zu Zeugen unserer eigenen Güte und Freundlichkeit; wir werden zu Zeugen vom Wirken der göttlichen Gnade in uns. Wir sollten mit dem Meister sagen können: „Was heißest du mich gut? Niemand ist gut denn der einige Gott." Nur einer ist gut, der göttliche Geist, der in uns wirksam ist.

### *Erfahrung ist das Zeugnis der Wahrheit*

Der *Weg zur Verwirklichung* gründet sich ganz und gar im tatsächlichen Erleben dieser *Gegenwart*. Sie werden beim Lesen der Schriften bemerkt haben, daß an keiner Stelle versucht wird, ihre Richtigkeit zu beweisen. Es findet sich für den Text der Bücher nirgends ein Hinweis auf irgendeine Autorität zur Bekräftigung. Die Stellen aus der Bibel und anderen Quellen dienen nur zur Illustration. Sie werden nicht als Beweis angeführt. Der einzige Beweis ist unsere eigene Erfahrung. Was mir offenbart und enthüllt wurde, ist allein als meine Erfahrung an Sie weitergegeben und mit Ihnen geteilt worden. Irgendwelcher Beweis über die Richtigkeit kann nur allein durch Ihre eigene Erfahrung kommen, denn — und was dies angeht, so bin ich ganz sicher, daß die Heilige Schrift niemals geändert wird — sie „werden . . . auch nicht glauben, wenn jemand von den Toten aufstände." Tausende von Menschen mögen geheilt worden sein, das aber ist kein Beweis.

Der Beweis ist unsere Erfahrung. Wenn wir die Gegenwart Gottes erleben, werden wir jeglichen Beweis, der je notwendig ist, haben, wenn wir auch nicht annehmen können, daß unsere Freunde und Verwandten daran glauben, denn sie finden gewiß irgendeinen Zufall, der alles erklärt. Es handelt sich um den Beweis für uns selbst, und was noch wichtiger ist, wir erhalten dadurch das Grundprinzip, mit dem wir unsern Nächsten, unsern Freunden und unserer Familie helfen können, auch wenn sie es nicht erkennen oder anerkennen.

Im Menschen ist ein *Geist*. Dieser *Geist* weiht und heilt, er richtet auf, erhebt und erleuchtet uns; Er muß jedoch erfahren werden. Der Weg dieser Botschaft ist klar. Er führt durch das Vergegenwärtigen Gottes und durch die Meditation. Je mehr wir in der Vergegenwärtigung der Worte aus den Werken der Mystik und der Bibel leben, desto mehr befinden wir uns in der Vergegenwärtigung dieses *Geistes* im Innern, der *Gnade* und *Gegenwart* im Innern und Ihrem Wirken, und desto näher kommen wir dem tatsächlichen Erleben.

Dieses Vergegenwärtigen durch Worte und Gedanken erzeugt eine innere Ruhe, eine Stille — jedenfalls in stärkerem Ausmaße, als wir sie bisher erlebt haben. Wenn wir dann unser Ohr auftun und die Augen schließen und sagen: „Rede, Herr, denn dein Knecht hört", kommen wir dem Tag schon näher, an dem das eigentliche Erlebnis eintritt, und verstehen, was der Meister meinte, als er sagte: „Der Geist des Herr ist bei mir, darum daß er mich gesalbt hat." *

### *Zeichen höheren Bewußtseins*

Diese höhere Ebene des Bewußtseins zeigt sich auf mancherlei Weise. Überall in den Werken der Mystik lesen wir von dem

* Vgl. Luk. 16:31; I. Sam. 3:9; Luk. 4:18.

Gewand, und wir wissen, daß der Meister ein weißes nahtloses Gewand trug. Das hat indessen nichts mit seiner Kleidung zu tun. Es bezieht sich auf die Tatsache, daß sein Bewußtsein in die nahtlose Vollkommenheit des *Geistes* gekleidet war, in die unkörperliche Reinheit des *Geistes.* Er war immerwährend in den Geist Gottes gehüllt, mit Ihm angetan.

Das Gewand hat stets eine mystische Bedeutung gehabt. Da gibt es die weißen Gewänder, die den höchsten unkörperlichen Geist Gottes im Menschen darstellen. Da ist das rote Gewand des Königtums, das einen Bewußtseinszustand mehr irdischer als geistiger Macht anzeigt. Die gelben Gewänder werden im allgemeinen von den Heiligen des Orients getragen. Alle diese Gewänder sollen einen Bewußtseinszustand beschreiben. Wir befassen uns nicht damit, ob wir mit stofflicher Kleidung geschmückt sind, als vielmehr mit der bewußten Vergegenwärtigung dessen, daß wir immer mit dem *Geist* angetan und bekleidet sind.

In diesem Zusammenhang gibt es auch den Juwelenring der Autorität des Gottessohnes, einen Ring, der zum Zeichen der Anerkennung göttlicher Autorität geküßt wird. Der Ring selbst besitzt keine Macht, indessen könnte der Kuß des Rings, äußerlich oder unsichtbar innerlich, Macht haben, wenn er in der Anerkennung jenes Juwels, das ohne Preis ist, gegeben würde, des *Wortes,* das ohne Form ist. Jegliche Anerkennung dieses innewohnenden *Wortes* ist gleichbedeutend mit der äußeren Zeremonie des Küssens des Rings.

Kommunion im ursprünglichen Sinn der inneren Gemeinschaft ist das Erleben des Sich-nach-innen-wendens, des Öffnens der Tür; die eigentliche Kommunion kann indessen nur stattfinden, wenn die Tür geöffnet ist und „ich und der *Vater*" Gemeinschaft haben — nicht als seien wir zwei Wesen, sondern indem der *Vater* Sich als das tiefere Sein meines *Selbst* offenbart. Es ist eine innere Verbindung, die dann eintritt, wenn der Geist Gottes, des Herrn, über uns ist und wir bewußt die geistige Gegenwart gewahrwerden.

Wenn wir diesen Geist Gottes, des Herrn, über uns gewahrwerden, ist es, als seien wir rein gewaschen, als hätte eine Taufe stattgefunden — so, als ob ein kräftiges doch behutsames Strömen von Wasser uns von außen berührte, als ob wir wirklich in Wasser gebadet würden, doch gleichzeitig dieser Srom uns auch von innen durchdränge und durch die Adern flösse. Es gibt tatsächlich eine Taufe des *Geistes.* Sein äußeres Symbol ist klares Wasser; diese Taufe hat jedoch keinen Wert, wenn sie nicht von der inneren Erfahrung begleitet wird.

Nicht selten fanden Menschen, die getauft worden waren, es notwendig, ein zweites Mal getauft zu werden; denn beim ersten Mal hatten sie nur die äußere Erfahrung der Taufe oder des Untertauchens, nur die Substanz des Wassers. Es fehlte die Anwesenheit des *Geistes;* deshalb mußte die Taufe wiederholt werden, ehe der *Geist* hinzutritt. Wenn dieses innere Erleben der Taufe einsetzt, können wir von der äußeren Taufe mit dem Meister sagen: „Laß es jetzt also sein."

Das Einssein von „Ich und dem Vater" muß von uns erfahren werden, was jedoch allein in unserm eigenen Bewußtsein geschehen kann, nicht äußerlich. Es ist ein inneres Erleben, in dem der göttliche Geist sich mit unserm Geist vermischt; das Leben Gottes wird unser Leben, und selbst unser Leib wird zum Tempel Gottes. Es ist dies das geistige Einssein, das als Resultat des Auftuns unseres Bewußtseins zustande kommt.

Es gibt zwei Möglichkeiten, das Bewußtsein aufzutun. Die eine Art tritt sehr selten ein und wurde nur von ganz wenigen Menschen in der Geschichte erlebt, nämlich wenn Gott die Tür unseres Bewußtseins öffnet, ohne daß wir irgend etwas dazu tun. Bei der anderen wird die Tür durch die Meditation aufgetan, durch innere Gemeinschaft, durch ein inneres Vermögen, bei dem *Geiste* zu weilen.

*Verweilt in Mir. Wenn ihr in Mir weilt und Mich euch Speise, Heilung, Trost und Frieden schenken laßt, werdet ihr vollkommen und gesund sein. In jedem Augenblick müssen die Gedanken zu Mir nach innen gewendet werden. Laßt die Erinnerung daran, daß I c h in euch lebe, gegenwärtig sein.*

### *Worte und „Behandlung" dürfen nicht zum goldenen Kalb werden*

Als Jesus sagte: „Ich kann nichts von mir selber tun, . . . der Vater aber, der in mir wohnt, der tut die Werke",* ließ er es sehr deutlich werden, daß er selbst keine Brote und Fische vermehren würde. Jedoch darf „der Vater, der in mir wohnt" nicht eine Schriftstelle, nicht ein Satz oder eine Aussage, etwas was wir gelesen, gesagt oder gedacht haben, sein. Der *Vater* im Innern muß eine Erfahrung sein, ein wirkliches Gewahrwerden.

Es gibt tatsächlich etwas wie den *Vater* im Innern. Es gibt eine Erfahrung, die im Innern gemacht wird und die davon zeugt, daß wir bewußt eins geworden sind mit unserem *Ursprung*, ein Erlebnis, das die Wahrheit beweist, daß wir mit dem *Vater* eins sind und daß alles, was der *Vater* hat, unser ist. Solche Worte zu wiederholen oder solche Gedanken zu denken, ist Zeitvergeudung, es sei denn, daß sie zu der tatsächlichen Erfahrung hinführen.

Wenn es an der Heilung mangelt, dann liegt ein zu starker Glaube an die Macht des Heilens oder des Betens vor, denn darauf darf der Glaube nicht gerichtet sein. Der Glaube an die

* Vgl. Joh. 10:30; Matth. 3:15; 14:10.

Macht einiger Wortkombinationen ist so sinnlos wie der Glaube an ein goldenes Kalb. Ob wir nun das goldene Kalb nach außen verlegen oder es innen in Form von Aussagen, Worten oder Gedanken haben, in beiden Fällen sind wir gleich weit entfernt.

Gedanken, Worte und das Wissen um den Buchstaben der Wahrheit haben ihren rechtmäßigen Sinn, jedoch nur als Schrittsteine zur Erfahrung jener inneren Gegenwart. Wenn wir in unserer Meditation die Tür des Bewußtseins aufgetan und gespürt haben, daß die *Gegenwart* da ist — und sie nicht in irgendeiner bestimmten Form erwarten, was nämlich wiederum ein goldenes Kalb wäre, sondern sie nur als Gewahrwerdung spüren, als Vergewisserung, als Frieden — können wir gewiß sein, daß Gott auf dem Plan ist.

Ein jeder, der die törichte Ansicht hat, er könnte aus Büchern lernen, wie man ein geistiger Heiler wird, täte gut daran, aufzuwachen. Ein jeder, der immer noch glaubt, daß „Behandeln" oder Beten die Heilung zur Folge hat, muß noch viel lernen. Geistige Heilung tritt nur ein, wenn der Geist Gottes im Bewußtsein dessen, der betet, zugegen ist. Gebet oder „Behandlung" ohne die Erfahrung der Gegenwart Gottes bringt keine Heilung hervor. Andererseits macht das Erleben der Gegenwart Gottes sehr oft Gebet und „Behandlung" überflüssig.

Es kommt oft vor, daß tatsächlich keine Zeit zum Beten oder „Behandeln" da ist, und doch muß etwas geschehen, nämlich, daß der *Geist Gottes* im Bewußtsein des Betreffenden gegenwärtig ist. In unserer Arbeit des geistigen Heilens wird den Heilern von Anfang an beigebracht, sich niemals auf Gebet oder Behandlung zu verlassen, es sei denn, daß sie den Geist Gottes in sich gegenwärtig spüren, daß sie eine innere Befreiung oder Vergewisserung fühlen.

Zuweilen kann die *Stimme* selbst sagen: „Dies ist mein lieber Sohn, alles ist gut", oder „Ich bin zugegen, *Ich* werde dich nie verlassen noch versäumen.“ Ob das nun in greifbarer Form wie durch eine Stimme geschieht, es muß auf jeden Fall die innere Vergewisserung da sein, daß Gott auf dem Plan ist. Sonst sind Gebet oder „Behandlung“ nutzlos. Dies gilt ebenso für die geistige Arbeit, die wir im Zusammenhang mit unserer Familie, unserm Geschäft, unserm künstlerischen oder beruflichen Leben leisten. Die tatsächliche Erfahrung der *Gegenwart* muß im Innern gemacht werden. Wenn das geschieht, tritt das Wunder im äußeren Bereich ein.

### *Vollständige Hingabe aller menschlichen Eigenschaften und Lösungen ist notwendig*

Ein weiterer Grund für das Versagen der Heilung liegt darin, daß wir nicht selten Heilung statt Vollkommenheit suchen. Heilung suchen heißt Befreiung von irgendeiner Krankheit suchen oder von Schmerzen, Disharmonien, Beeinträchtigungen oder Mißklang. Und auf diesem Wege kommt man nicht zu Gott. Die einzig richtige Art, zu Gott zu gehen, besteht darin, die Ganzheit und Vollkommenheit in Gott zu suchen, und das bedeutet, bereit zu sein, sich von allen menschlichen Eigenschaften, an die wir uns alle klammern, reinwaschen zu lassen. Wir alle haben Eigenschaften, von denen wir allzu gern befreit wären; aber es gibt auch solche, bei denen wir niemandem erlauben würden, sie uns zu nehmen, und das sind gerade die, welche unserer Heilung im Wege stehen.

Wir müssen bereit sein, alle Vorstellungen, die wir zur Lösung irgendeines Problems haben, aufzugeben. Der Erfolg tritt allein mit dem Aufgeben der irdischen menschlichen Wünsche ein, durch das Herbeisehnen der Herrschaft Gottes auf Erden. Wenn wir achtgeben, inwieweit wir einen guten irdischen Zustand anstelle eines schlechten schaffen möchten, werden wir wissen, warum unsere Gebete kein Gehör finden. Wenn wir aber unser Bewußtsein für eine geistige Lösung öffnen, so setzt sie sich in eine irdische Weise der Lösung des Problems um, die wir nicht geplant und an die wir nicht einmal gedacht hätten. Sich aber an einen geistigen Gott um einer irdischen Lösung willen zu wenden, deren Richtigkeit auf menschlichen Vorstellungen beruht, ist sinnlos. Sich an Gott wenden um der Ganzheit und Vollkommenheit willen — der Ganzheit des *Gewandes*, der Vollständigkeit des *Geistes*, der wirklichen Taufe willen, bedeutet die Bereitschaft, sich gründlich von innen und außen reinwaschen zu lassen.

Gott ist *Geist*, und das einzige Gebet, das einem aufrichtigen Menschen zusteht, ist das Gebet um geistige Erkenntnis, geistige Harmonie, geistige Herrschaft und Gnade. Ehe wir nicht begreifen, daß Gott *Geist* ist, werden wir nie etwas mit unserm Beten erreichen, sei es nun im persönlichen, im nationalen oder internationalen Bereich. Wenn wir aber zu der Einsicht kommen, daß Gott *Geist* ist, dann werden wir allein den *Geist* suchen und zusehen, in welcher Weise Er sich im Irdischen entfaltet.

Geistiges Heilen ist eine wunderbare Tätigkeit, wenn wir uns über den Wunsch, jemanden zu heilen, erheben können, wenn wir über das Mitleid mit seinen Beschwerden und Schmerzen hinauskommen und uns sogar davon frei machen können, ihn von seinem Kummer befreien zu wollen. Selbst, wenn wir damit Erfolg hätten, so würde von neunundneunzig in hundert Fällen die Sache in etwas noch Schlimmeres zurückfallen. Wo es sich jedoch um eine Wandlung des Bewußtseins handelt, ist es eine andere Sache.

Der Bewußtseinszustand auf der metaphysischen Ebene, bei dem es sich in den meisten Fällen um die Wirkung handelt —

die Darstellung der Gesundheit, Versorgung und Reinheit oder der Bewältigung von Gelüsten — kann niemals zur Mystik gehören. In der Mystik suchen wir allein jene „Gesinnung ... die auch in Jesus Christus war“, die Erlangung des *Gewandes*, den ganzen Menschen, auf daß Er die Unreinheiten hinwegnehme.

Dies führt uns in den Bereich von *Ich*, *Mich* und *Mein*. An diesen drei Worten können wir in der Mystik nicht vorbeigehen, denn ehe nicht die Erkenntnis da ist, daß *Ich* vor der Türe des Bewußtseins steht, ehe die Anerkennung von *Ich* im Innern nicht stattgefunden hat, von *Meinem* Reich, *Meinem* Frieden, *Meiner* Gnade, besteht keine Möglichkeit, in das mystische Reich zu gelangen. Wenn dieses Erkennen jedoch eintritt, dann ist das Bewußtsein sogleich offen, um den *Geist* zu empfangen, und schließlich werden wir auch dorthin kommen, wo wir mit Paulus sagen können: „Ich lebe aber, doch nun nicht ich, sondern Christus lebt in mir.“ * Es ist jene innewohnende *Gegenwart*, die mein Leben lebt.

## *Unsere innere Kraftquelle entdecken*

Wenn wir unser Bewußtsein für den Einfluß jenes *Ichs* öffnen, so steigert sich unsere Fähigkeit im Geschäftsleben oder in der Kunst und im Beruf, denn diese Wirksamkeit der vierten Dimension aktiviert uns nicht nur, sondern veranlaßt uns auch dazu, das Interesse an unserem eigenen Vorteil aufzugeben. Unser Denken bewegt sich im Umkreis des allgemeinen Wohls anstatt des persönlichen. Wir sind in unserm Bewußtsein vom irdischen zum geistigen Menschen geworden.

* Vgl. Phil. 2:5; Gal. 2:20.

Die neueren Entdeckungen der Schrift erhärten die Richtigkeit der Vorstellung von „zwei Menschen", dem irdischen und dem geistigen, und vom Wesen *Dessen,* das im irdischen Menschen den geistigen an's Licht bringt. Die metaphysische Anschauung hat die Idee von den „zwei Menschen" nicht akzeptiert. Sie bestand stattdessen darauf, daß der Mensch als irdisches Wesen geistig und vollkommen sei, was angesichts der Person, die wir sahen und die sie als geistig und vollkommen bezeichnete, lächerlich war.

In der Bibel wird der Mensch in seinem zweifachen Wesen gezeigt, als der irdische Mensch, der die Sterblichkeit ablegen muß und die Unsterblichkeit anziehen, „auf daß das Sterbliche würde verschlungen von dem Leben." Dies wird erreicht, wie wir hören, durch eine Umwandlung des Bewußtseins. Dabei gibt es zwei Möglichkeiten, diese Umwandlung herbeizuführen: entweder ein direktes Eingreifen Gottes, wie z. B. bei Mose auf dem Berge, oder durch die Vermittlung eines geistigen Lehrers.

Gott hat noch niemals einen Menschen größer gemacht als den andern. Wir haben alle die gleichen Fähigkeiten, womit ich nicht sagen will, daß wir sie alle an's Licht gebracht haben. Doch besitzen wir alle die innere Kraft des Unendlichen. Es gäbe ja gar nicht etwas wie Gott, wenn ein Mensch besser wäre als der andere, denn damit wäre Gott auf die Ebene des Menschen beschränkt.

Wenn Jesus sagt: „Und sollt niemand Vater heißen auf Erden", so zeigt er damit, daß das schöpferische *Grundprinzip* für alle gleich ist. Deshalb müssen wir alle gleich sein, wenn auch keineswegs in der sichtbaren Form. Die Schönheit ist nicht allein in der Rose zu finden. Wir können sie auch in einem Stein, einem Stück Holz oder einem Felsen sehen. Man kann unmöglich sagen, eine Form sei schöner als eine andere. So müssen wir auch erkennen, daß die Intelligenz von Gott verliehen ist, wenn auch nicht bei allen der gleiche Umfang an Intelligenz zu finden ist. Sie ist in uns aufgespeichert; wieviel wir indessen von ihr zum Ausdruck bringen, hängt davon ab, in welchem Umfang wir uns ihrer bedienen.

## *Die Kraft der Stille*

Erfahrung ist das Zeugnis der Wahrheit. Indem wir die Grundprinzipien der Wahrheit in unserem Leben verkörpern, ohne sie zu erwähnen, werden andere zu Zeugen dessen, was vor sich geht, und werden zu uns hingeführt. Das ist das Prinzip des *Unsichtbaren.* Wir brauchen die Wahrheit nicht auszusprechen und nicht für sie zu werben. Wir müssen sie darleben; dann verbreitet sie sich von uns aus, ohne daß wir merken, wie es geschieht. Niemand von uns weiß, warum die Menschen zur Wahrheit hin beeinflußt werden. Das einzige, was wir genau wissen, ist, daß Menschen es nicht vermögen.

So verhält es sich mit den Prinzipien, derer wir bei unserer besonderen Arbeit bedürfen. Wir wären erstaunt, wie wenig über sie gesagt zu werden braucht, es sei denn, daß der Weg für die rechten Worte frei wird. Solange aber müssen wir sie im Bewußtsein halten.

Die größte Macht auf Erden ist die Kraft der Stille. Geistige Kraft kann nicht mit Worten oder Gedanken zur Auswirkung gelangen. Allein durch die Stille, wenn die Sinne schweigen, kann geistige Kraft frei werden. Deshalb ist das Anwenden dieser Grundprinzipien — ob wir nun wegen einer eigenen Schwierigkeit beten oder der eines andern, oder ob es im weiteren Bereich von Staat oder Welt geschieht — nur ein Schritt, der zur absoluten Stille führt, in der Sich jener unsichtbare *Geist,* was Er auch sei, vernehmen lassen kann. Wenn wir nicht achtgeben, lassen wir uns durch irdische Macht einfangen, durch die Macht von Zahlen oder die Macht irgendeiner menschlichen „Wohltuerei“.

In der Zeit, die nun vor uns liegt, wollen wir uns deshalb einer geistigen Gnade öffnen anstatt „Recht“ oder „Unrecht“ irgendeines Problems herauszustellen — sei es persönlich oder auf nationaler Ebene. Auf diese Weise vermögen wir vielleicht *Etwas* beizusteuern, das die Sachlage ändert. Eines Tages wird sich herausstellen müssen, daß „zehn Gerechte“ eine ganze Stadt retten können. Wann? Das weiß ich nicht; aber es könnte heute sein. Geistig gesehen gilt immer noch, daß wir unser „Schwert einstecken“ müssen, wie auch, daß „wer das Schwert nimmt, durch das Schwert umkommen“ soll.* Wenn also die Prophezeiung von Steinmetz, daß in unserem Jahrhundert die Macht des Geistes sich beweisen wird, wahr werden soll, dann ist dies jetzt die rechte Zeit, es zu bezeugen. Geistige Macht bedeutet, den *Geist Gottes* in die betreffende Sache hineinbringen — nicht „richtig“ oder „falsch“ zu klären — und dann mögen „die Späne fliegen, wohin sie wollen.“ (*Roscoe Conkling*).

Wir wollen keinem „goldenen Kalb“ irgendwelcher Art ebenso wie auch keinen „Images“ oder Stützen in uns Raum geben. Wir wollen ein offenes Bewußtsein haben, das aufnahmebereit ist — was dann geschieht, wird „Zeichen“ zur Folge haben. Diese Zeichen sind das Zeugnis, und sie bezeugen dessen Richtigkeit. Wenn wir eine Antwort erhalten, die zum Segen für alle ist, so ist sie von Gott; denn weder dem Teufel noch der persönlichen Gesinnung kann eine vollkommen gute Handlung zum allgemeinen Wohle zugeschrieben werden.

Wenn wir uns in die Meditation begeben und unsere Augen vor „dieser Welt“ schließen, so wollen wir nicht vergessen,

* Vgl. 2. Kor. 5:4; Matth. 23:9; I. Mose 18:28—32; Matth. 26:52.

daß wir nun im Vorhof sind — oder jedenfalls vor der Tür, die zur *Unendlichkeit* führt. Durch unser Bewußtsein haben wir Zugang zur geistigen Unendlichkeit Gottes, zum Reich Gottes, dem göttlichen Bereich, der göttlichen Welt und Wirksamkeit, dem göttlichen Gesetz und Wesen. Dies alles ist in uns.

*„Ich stehe vor der Tür und klopfe an." I c h — die Unendlichkeit, die Substanz und das Gesetz Gottes — warte auf deine Aufforderung zum Eintreten, nicht von außen her, denn das Reich Gottes ist bereits in uns, sondern von deiner Mitte zum Umkreis — von innen nach außen.*

Eine soche aktive Meditation ist wirklich das Öffnen der inneren Türe. Begeben wir uns in diese Meditation und kommen wir zum *Geiste* völlig frei von Vorstellungen, um erleuchtet zu werden und die Wahrheit zu empfangen — die Wahrheit, daß in der Gegenwart Gottes Erfüllung ist und Freiheit, Freiheit von Beschränkung jeglicher Art.

*2. Kapitel*

## Das Wesen geistiger Vollendung

In den ersten Lebensstufen der Menschen auf dieser Erde spielten sich alle ihre Tätigkeiten auf der physischen Ebene ab — sie bestanden in Ackerbau, Wegebau, Kämpfen, Fischen und Jagen. Selbst ein so wichtiger Schritt wie das Heiraten wurde gewöhnlich von den Eltern eingeleitet, und zwar nicht nach Liebe und Verträglichkeit, sondern nur im Hinblick darauf, ob die Frau ihren großen Haushalt versorgen und eine Familie aufziehen konnte und ob der Mann sich genügend auf Jagen, Fischen und Bauen verstand, um ein Heim schaffen zu können. Erst in den letzten 400 Jahren hat es einen Buchdruck gegeben. Bis dahin war die Zahl der Menschen, die lesen und schreiben konnten, sehr gering, und wir können mit Gewißheit annehmen, daß sich das Leben der meisten Menschen auf einer rein physischen Ebene abspielte.

Langsam arbeitete sich die Menschheit zu einem geistigen Verständnis durch und entdeckte Schritt für Schritt ihre geistigen Fähigkeiten. Damit spielte sich das Leben weniger auf der physischen und entsprechend mehr auf der verstandesmäßigen Ebene ab, so daß heute das Wunder der Technik für viele von uns beunruhigend zu werden beginnt, zumal die Automation die menschliche Arbeit ersetzt. Das Leben hat sich seit meiner Jugend in großem Ausmaß verändert und das in einer einzigen Generation, und dabei stehen wir erst am Anfang.

Als die Druckereien allgemein aufkamen und mit ihnen Bücher zur Verfügung standen, entwickelte sich eine ganz neue Bevölkerung: Menschen, die lesen und schreiben konnten und somit Zugang zum geistigen Bereich hatten; Menschen, die sich an dem Besten von Literatur, Kunst und Musik und all der Dinge, die dem menschlichen Geist entstammen, zu erfreuen vermochten.

### *Zugang zum kosmischen Geist erlangen*

Mit der Entdeckung und Entwicklung des geistigen Bereichs öffnete sich auch der Zugang zum kosmischen Bereich. Aus diesem Grunde wurden in einem Zeitraum von weniger als hundert Jahren Riesenfortschritte an Erfindungen, Entdeckungen und Kenntnissen in den Naturwissenschaften gemacht, die die verborgenen Geheimnisse der Welt offenbarten. Denn mit der Entdeckung der Macht des menschlichen Geistes öffnete sich auch der Zugang zum universellen Geist, der Fülle der Weisheit.

Diese naturwissenschaftlichen Entdeckungen und die neuen Formen in Kunst, Literatur und Musik sind aus der Fülle des Kosmos hervorgegangen. Indem nun der Zugang zu dieser Fülle geschaffen wird, gibt der universelle Geist seine Weisheit frei und offenbart, was die Menschheit sucht — sei es nun ein Weg zum Nord- oder Südpol, eine Möglichkeit, in der Luft zu fliegen oder unter Wasser zu fahren oder eine neue Maschine der Automation. Was sie sucht, kann die Menschheit nur finden, wenn sie den Zugang zum kosmischen Geist besitzt.

Der einzelne Mensch vermag durch seinen Geist weit auszuholen; so entdeckt er, daß sein Geist Zugang zum unendlichen, universellen Geist hat, in welchem jegliches Geheimnis des Lebens aufgehoben ist. Damit findet eine vollständige Veränderung des menschlichen Lebens statt, denn nun sind wir nicht mehr auf das, was unsere Vorfahren wußten, beschränkt. Wir sind nicht mehr auf ihre Unwissenheit angewiesen und durch diese begrenzt. Wir haben nun Zugang zur *Unendlichkeit.* Keine Grenzen gibt es für das, was erreicht werden kann durch das Begreifen der Wahrheit, daß wir mit den universellen Gesetzen des Lebens in Verbindung stehen, den physikalischen oder materiellen, den Gesetzen des Geistes, den Naturgesetzen und den Gesetzen der Technik, z. B. bei Automobil und Flugzeug, oder den Gesetzen über die Möglichkeiten zur Erzielung neuer Ernten. So kommen wir nun in das Zeitalter, in dem unsere Möglichkeiten grenzenlos sind.

Vor zwanzig Jahren wurden Artikel veröffentlicht, die die Welt davor warnten, daß wir an's Ende unserer Vorräte an Rohöl kämen und es nicht mehr allzu viele Jahre dauern würde, bis wir die Nachfrage von Industrie und Wirtschaft nach Erdöl nicht mehr befriedigen könnten. Was aber tatsächlich eintrat, war, daß so viele neue Quellen der Ölversorgung entdeckt wurden, daß der Lage zunächst Rechnung getragen ist. Seitdem aber haben wir wiederum gezeigt, daß unser Zugang zur *Unendlichkeit* uns davon unabhängig macht, ob oder wann unser Vorrat an Erdöl zuende geht. Wir haben eine neue Kraft entdeckt, die unsere Schiffe und Automobile antreibt, so daß wir vom Erdöl ganz unabhängig sind. Durch unsern Zugang zur *Unendlichkeit* haben wir das Wesen der Atomenergie kennengelernt und werden sie eines Tages für unsern alltäglichen Bedarf einsetzen.

Den Fähigkeiten des Menschen sind keine Grenzen gesetzt, weil es für die Fähigkeiten des kosmischen oder universellen menschlichen Geistes, die Fülle der *Unendlichkeit,* keine Grenzen gibt. Wenn der Mensch erkennt, daß er zu diesem gesamten kosmischen Bereich Zugang hat, wird er hervorbringen, was den physischen Verschleiß herabsetzt, die geistigen Kräfte steigert, und auf diese Weise eine ganz neue Welt an's Licht bringen, von der wir bereits einen Schimmer erblickt haben durch das, was in den letzten fünfzig Jahren erreicht wurde, was jedoch erst der Anfang einer viel größeren Epoche ist.

### *Die Früchte des menschlichen Geistes, eine ungewisse Größe*

Trotz allem technischen Fortschritt der letzten 4000 Jahre läßt sich praktisch keinerlei Fortschritt oder Vorwärtskommen auf dem Gebiet der Religion feststellen. Während die Welt vom physischen zum verstandesmäßigen Lebensstandard überging, blieb das religiöse Leben des Menschen auf dem *status quo*. Selbstverständlich gab es während dieser Zeit Mystiker, die die geistige Wahrheit offenbarten, aber allzu selten fand diese den Weg in die Öffentlichkeit. Ehe daher die religiösen Wissenschaften hervortraten, die den geistigen Aspekt der Erweiterung des menschlichen Horizonts und der Auffindung neuer Prinzipien darstellten, lebten die meisten Menschen immer noch das religiöse Leben von vor 4000 oder 2000 Jahren mit nur äußerst geringen Zeichen eines Wandels. Wie nun aber Erfinder und Wissenschaftler eine ganz neue Welt durch den menschlichen Geist entdeckten, so fanden die sogenannten metaphysischen Praktiker eine neue Welt, die sich auf andere Bereiche der menschlichen Existenz bezieht als die der Erfindungen und Naturwissenschaften.

Dies alles bedeutet Fortschritt. Aber eines Tages machen wir eine erschütternde Entdeckung, und zwar die, daß dieser Bereich des menschlichen Geistes zum Guten wie zum Bösen verwandt werden kann. Alle diese Erfindungen haben ihre guten wie ihre schlechten Seiten. Die Elektrizität, die uns Wärme, Kälte und

Bequemlichkeit schenkt, tötet auch und kann zum Töten verwandt werden. Die Entdeckung der atomaren Geheimnisse, die einst die Welt weitgehend von körperlicher Arbeit befreien wird, wird heutzutage dafür verwandt, Leben zu vernichten. Das Dynamit, welches uns ursprünglich dazu verhalf, Städte aus der Landschaft herauszuarbeiten, das Land für den Ackerbau zu roden und anderen nützlichen Zwecken zu dienen, wurde zum Schießpulver, mit dem man Leben vernichtete. Der Zugang zum kosmischen, universellen Geist des Menschen ist auf der einen Seite eine wundervolle Sache, auf der andern jedoch eine fürchterliche; denn die Entscheidung, ob diese großen Entdeckungen schließlich zum Wohle der Menschheit verwandt werden, hängt vom moralischen Wesen des Menschen ab. Dieses jedoch stand, mit wenigen Ausnahmen hier und dort, niemals über der Eigensucht, dem Selbsterhaltungstrieb, dem persönlichen Gewinn.

Nur wenn ein geistiges Element in das Bewußtsein eines Menschen dringt, kann er es unterlassen, neue Formen für üble Zwecke hervorzubringen; ehe aber der Mensch einen Weg findet, jenes geistige Element dem Bewußtsein der Menschheit zugänglich zu machen, ist er denjenigen ausgeliefert, die regieren, herrschen oder anführen. Wie wir bereits sahen, haben alle jenen großen Erfolge in dieser Zeit unvorstellbarer technischer Erfindungen weder unsere Furcht noch die Gefahren vermindert, sondern vielmehr erhöht.

Niemand in der Welt kann heute allen Ernstes behaupten, er sei auf Grund dieser großen wissenschaftlichen Fortschritte glücklicher, sicherer oder freier. Bequemer, ja, bestimmt. Die meisten von uns in der westlichen Welt leben mit gekachelten Badezimmern, Elektrizität, Klimaanlagen und all' den übrigen Bequemlichkeiten des Lebens. Ist aber die Menschheit glücklicher, sicherer, freier? In den freien Ländern der Welt ist das Privatleben der Menschen zunehmend unter staatliche Aufsicht gekommen. Der Mensch wird heutzutage mehr von seiner Regierung beherrscht, als es noch vor 50 Jahren der Fall war. Und er muß sich stets der Tatsache bewußt sein, daß wenn es nicht sein eigener Staat ist, der seine persönliche Freiheit bedroht, es immer einer jenseits der Grenze ist. Alle diese Erfindungen und Entdeckungen und der ganze materielle Fortschritt haben der Welt weder größere individuelle Freiheit noch mehr Frieden oder größere Sicherheit beschert. Ganz zu schweigen von der Tatsache, daß trotz der großen Fortschritte, die gemacht wurden, heutzutage mehr psychiatrische Heilanstalten gebaut werden müssen als je zuvor.

Das Leben ist nicht leichter geworden für die Menschen dieser Welt. Es ist nur physisch bequemer; aber die Last, die vielen auf der Seele liegt, ist größer, und sie rührt zum großen Teil von der Furcht vor den Entdeckungen her, die sie eigentlich befreien sollten.

### *Einwandfreie Sittlichkeit allein kann die Entdeckungen des Intellekts in Schach halten*

Solange wir im Bereich des menschlichen Geistes oder dem kosmischen Bereich des universellen Geistes bleiben, haben wir es mit Gut und Böse zu tun. Was hilft es, die Geheimnisse der menschlichen Psyche zu erforschen, wenn man feststellen muß, daß sie zuweilen für üble Zwecke angewandt werden? Was nützt es, die Gesetze menschlichen Geistes aufzuspüren und dann zu erkennen, daß sie für Propaganda und Werbezwecke nicht unbedingt einwandfreier Art benutzt werden?

Heutzutage haben wir tatsächlich Zugang zur menschlichen Psyche, wir kennen die Gesetze, welche die Natur beherrschen.

Der nächste Schritt, den wir tun müssen, muß uns jedoch den Zutritt zum Bereich der Sittlichkeit bringen. Ich spreche hier nicht nur von der Sittlichkeit im Sexuellen, ich möchte sie in einem viel weiteren Sinn verstehen: als die Sittlichkeit, die das Wirtschaftsleben, Kunst und Literatur und alle menschlichen Beziehungen beherrschen sollte. Wir müssen einen Zugang zu dieser absolut ethischen Einstellung finden, auf daß jene großen Erfindungen schließlich unbedenklich für ein produktives und erfülltes Leben angewandt werden können.

Stellen wir uns nur vor, wie es in der Welt aussehen würde, wenn die Zehntausende von Universitätsstudenten, die Naturwissenschaften studieren und Forschungsarbeiten durchführen, ihre Kraft und Zeit dem Erwerb von Wissen widmen würden, das zu unserem Wohl angewandt werden könnte, anstatt für die Frage, wie man die Menschheit vollständiger, schneller und sicherer vernichten könnte. Dieser Wandel wird sich so vollziehen, wie er sich in unserer individuellen Erfahrung vollzieht, wenn die Wissenschaftler und ihre Auftraggeber, wie auch ihre Nutznießer zusätzlich zu ihrem Wissen noch einen Wandel ihrer sittlichen Einstellung durchmachen.

Aus eigenen Stücken können wir das ebensowenig wie jemand anders fertigbringen. Wir können nicht plötzlich beschließen, gut zu sein. Wir können natürlich, aber es wird genauso wenig helfen, wie die guten Entschlüsse zu Neujahr. Der Grund dafür ist: wir können uns als Menschen nicht über die Vorstellung erheben, daß wir uns selbst erhalten, helfen, nützen und bereichern müssen, ohne uns viel darum zu kümmern, wie sich das auf andere auswirkt. Nur wenn ein überirdisches *Element,* also eines, das weder physisch noch psychisch ist, unser Bewußtsein einnimmt, entwickelt sich unser sittliches und geistiges Fassungsvermögen. Es ist dies Etwas, das es uns unmöglich macht, einem andern Böses zuzufügen oder bewußt auf die Verletzung oder den Verlust von andern hinzuarbeiten. Die Einführung dieses *Elements* in unser Bewußtsein ist der Markstein einer neuen Epoche.

Alle menschlichen Wesen leben nach dem Gesetz der Selbsterhaltung, welches geradezu als das Naturgesetz der Menschheit angesehen wird. Aus diesem Grunde ist es ja möglich, den Krieg als legal zu erklären und sogar über ihn zu moralisieren. Nach diesem uralten Gesetz ist es völlig in Ordnung, jemanden zu vernichten, um sich selbst zu erhalten. Das ist zu einem festen Bestandteil unserer Art zu leben geworden. Auch die Idee, mit allen Mitteln auf Kosten des Publikums zu leben, ungeachtet allen Schadens, den es anrichten könnte, das scheint das Prinzip zu sein, das so mancher Werbung zugrunde liegt. „Mag der Kunde aufpassen“, ist immer noch die Richtlinie vieler Geschäftsunternehmen. Das kann sich nicht ändern, ehe nicht jenes neue *Element* in das menschliche Bewußtsein Einlaß findet.

Zuerst müssen wir jedoch einen Weg finden, dieses Element in unser eigenes Bewußtsein aufzunehmen; denn wenn wir selbst nicht ein gewisses Maß davon erlangen können, vermögen wir auch niemand anderem davon zu erzählen, geschweige denn Es durch uns selbst zu demonstrieren oder andern zu helfen, Es zu erreichen. Ehe wir nicht gewahrwerden, daß es eine transzendentale oder göttliche Macht — eine geistige Kraft — gibt und es möglich ist, sich ihrer bewußt zu werden, können wir auch nicht von ihr leben oder andere darüber belehren.

## *Glaube und Überzeugung*

Wiederum müssen wir uns fragen: Gibt es eine überirdische Macht? Gibt es einen Gott oder eine göttliche Macht, die in unser Leben aufgenommen werden kann, so daß wir so frei werden, wie wir es im Anfang bei Gott waren? Gibt es Gott? Gibt es eine göttliche Kraft, die das Wesen des Menschen zu wandeln vermag, so daß der menschliche Geist jene Mächte — z. B. die Atomenergie, die Macht der Hypnose oder der Propaganda — nicht zur Unterjochung der Welt zu gebrauchen wünscht? Das ist die Frage.

Die meisten Menschen sind noch nicht völlig davon überzeugt, daß es Gott gibt. Sie können vielleicht sagen, daß sie an Gott glauben, aber Glauben ist weder eine sehr wirksame noch eine sehr überzeugende Kraft. Jedoch absolut überzeugt, daß es Gott gibt, sind nur wenige auf der Welt.

Und selbst eine solche Überzeugung ist noch nicht genug. Es muß ein weiterer Schritt getan werden. Daß es Gott gibt, wissen wir selbstverständlich. Es gäbe keine Wirkung, wenn keine Ursache da wäre. Es gäbe kein Gesetz, daß Gleiches Gleiches hervorbringt; es gäbe keine mathematische Absolutheit oder musikalische Harmonie, wenn die Regeln Ausnahmen hätten oder wenn unser Weltall eine zufällige Schöpfung wäre. Dies wissen wir, nicht nur durch Beobachtung, sondern mehr noch durch unsere Intuition, durch jenes Etwas in uns, das da sagt: „Zweifle nicht, daß es Gott gibt, zweifle nie, daß es Gott gibt, zweifle nie, daß Gott existiert. Solcher Zweifel wäre reine Dummheit."

Gott ist. Aber wie können wir Ihn erleben? Und wenn wir Ihn erleben, wie können wir dann feststellen, daß Er dann bestimmt auch im Leben der ganzen Menschheit wirken kann?

Wenn ich Gott nicht wenigstens mir selbst etwas bezeugen kann, dann ist es mir auch nicht möglich, Ihn andern zu bezeugen. Wenn ich nicht die Gegenwart und Kraft Gottes bis zu einem gewissen Grade, vielleicht einem ganz geringen Grade, durch mein eigenes Leben demonstrieren kann, dann kann ich niemandem diese Erfahrung mitteilen, da ich nichts mitzuteilen habe. Ich liege brach.

So ist es auch mit Ihnen. Sie haben einen Haushalt, eine Familie, Freunde. Es wäre lächerlich, wollten Sie ihnen von dem Gott erzählen, an den Sie glauben, von dem Sie überzeugt sind, ehe Sie nicht herausgefunden hätten, wie Sie das Wirken Gottes in Ihrem eigenen Leben erfahren könnten. Und dann brauchten Sie ihnen nichts mehr darüber zu erzählen. Denn man würde es sehen. Deshalb ist es nicht nötig, daß man, wenn man Gott wirklich erlebt, für Ihn wirbt und missioniert. Man braucht nur zu leben, zu sein, und wird bald feststellen, daß diejenigen, die dieses Lebensniveau suchen, einen finden. Sonst wird man viel Kummer erleben, wenn man seine „Perlen" dem unvorbereiteten Gemüt vorsetzt und sie einem wieder vor die Füße geworfen werden.

Gott ist. Geistige Kraft und geistige Gegenwart, geistige Unantastbarkeit — ist. Wenn wir uns den Offenbarungen der Mystiker zuwenden, sehen wir, daß diese geistige Kraft nicht nur *ist*, sondern auch in dir und in mir ist. Indem wir das verstehen, sind wir soweit, daß wir darangehen können, unser Bewußtsein für das Erleben dieser *Gegenwart* zu öffnen.

### *Das göttliche Bewußtsein offenbart sich als Lehrer, wenn wir bereit sind*

Der Meister zeigte, daß der physische Akt der Taufe ein Symbol für die wahre Taufe ist. Die wahre Taufe aber ist der *Geist*, der, wenn er einen Menschen berührt hat, allen mitgeteilt wird, die Ihn suchen. „Und ich, wenn ich erhöht werde von der Erde, so will ich sie alle zu mir ziehen."* Jedesmal wenn ein Mensch die Taufe empfangen hat, d. h. die Heimsuchung

* Joh. 12:32.

oder Einweihung durch den *Geist,* wird dieser Mensch unmittelbar zum Instrument, durch das der *Geist* den andern, die Ihn suchen, mitgeteilt wird. Dieses Suchen muß jedoch ernsthaft und ehrlich sein. Es darf nicht um eines persönlichen Motivs oder Zweckes willen geschehen; es muß um des Erlebens der göttlichen Gnade willen sein. Wenn wir dann als Einzelwesen unser Bewußtsein öffnen, um jene *Gnade* zu empfangen, dann machen wir uns für *Sie* bereit, und irgendwo in der Welt gibt es ein geistiges Bewußtsein, das *Sie* uns vermittelt.

Nach einem alten Wort wird, wenn der Schüler bereit ist, der Lehrer erscheinen. Allzu oft wird dies so verstanden, daß wenn der Schüler bereit ist, irgendein menschlicher Lehrer kommt, um ihn zu unterweisen. Das ist nun absolut nicht gemeint: Es gibt viel zu wenig wirklich geistige Lehrer in der Welt, und diese wenigen könnten niemals alle Menschen erreichen, die bereit wären.

Das Wort bedeutet, daß wenn wir aufrichtig und ehrlich mit Herz und Seele verlangen, Gott zu erkennen, die göttliche Gnade zu empfangen, von unsern Sünden, Begierden, Schwierigkeiten, Feindseligkeiten, Eifersüchten und sonstigen menschlichen Zügen frei zu werden und tatsächlich bereit sind, geistig gesund und heil zu werden, der Lehrer erscheinen wird. Es kann ein Lehrer sein, der zehntausend Meilen weit fort ist und meditiert, der nichts über uns persönlich weiß und von dem auch wir persönlich nichts wissen, und doch empfangen wir unsere Gnade, unsere Freiheit. Vielleicht erfahren wir nie, wer der Lehrer war, der uns auf diese Weise erreichte, und auch der Lehrer erfährt vielleicht nie von uns oder davon, daß er mit uns in seiner Meditation in Verbindung kam, denn es gibt im geistigen Reich nichts Persönliches. Es ist dies ja ganz und gar das Wirken des Gottesbewußtseins.

Ob ein menschlicher Lehrer da ist oder nicht, spielt keine

Rolle; denn wenn wir für das Gottesbewußtsein bereit sind, wird unser Lehrer, das Göttliche *Bewußtsein*, erscheinen und uns frei machen. Wenn ein geistiger Lehrer darauf beschränkt wäre, denen zu helfen, die in den Bereich seiner physischen Gegenwart gelangen, könnte nur sehr wenigen auf Erden geholfen werden. Seltsamerweise sind diejenigen, die das große Glück haben, mit einem geistigen Lehrer zusammenzukommen, oft nicht bereit, und empfangen deshalb ihre Freiheit und Erleuchtung nicht.

### *Dankbarkeit, das sichtbare Zeichen der Bereitschaft*

Die Anstrengung, die jemand aufwendet, um die Wahrheit zu erlangen, entscheidet über seinen Erfolg. Auf dem *Weg zur Verwirklichung* habe ich viele Menschen gesehen, die in Vorträge gingen, die Bücher lasen, an Kursen teilnahmen und nichts zustande brachten. Warum? Weil sie nichts hinzutaten. Das ganze Geheimnis liegt im Hingeben. Das gilt für alle Gebiete des Lebens, ob wir nun akademischen Studien nachgehen oder ein geistiges Thema erforschen.

Wenn ein Mensch vom *Geist* berührt worden ist, so brauchen wir ihn nicht darin zu unterweisen. Wir brauchen es ihm nicht einmal zu sagen, denn es gibt Zeichen, die das Maß seiner Bereitschaft aufzeigen. Die meisten solchen Zeichen sind nicht sichtbar. Es handelt sich da um etwas, was ein Lehrer spürt. Ein Zeichen geistiger Begnadung ist allerdings stets zugegen: es ist die Dankbarkeit, die Liebe und das Teilen mit andern. Ein Lehrer weiß immer, wann ein Schüler vom *Geiste* beseelt ist, denn in dieser Hinsicht wandelt sich das Wesen des Schülers. Wo er früher „die Rechnung bezahlte", zeigt er jetzt ein ausgesprochenes Empfinden für Dankbarkeit. Er könnte gar nicht mehr undankbar sein, genauso wenig wie unsittlich.

Ein Lehrer kann seinen Schülern nicht sagen, sie sollten dankbar sein. Alles, was er tun kann, ist, das Prinzip herauszustellen und die Grundlage zu zeigen, von der aus er vorgeht. Ein Lehrer kann niemandem beibringen, sittlich zu sein. Er verbietet den Schülern nicht zu rauchen, zu trinken oder sonst etwas zu tun. Das gehört nicht zu seinen Aufgaben. Seine Aufgabe besteht darin, den *Geist* mitzuteilen und Ihm die Läuterung zu überlassen.

Auf dem *Weg zur Verwirklichung* muß jeder einsehen, daß es nicht unsere Sache ist, einen Menschen zu bessern. Es ist nicht unsere Sache, ob er sittlich oder dankbar ist. Was uns angeht ist, ob er geistiges Licht sucht. Dann können wir zu dem Hauptthema des *Wegs zur Verwirklichung* übergehen, der Mitteilung des *Geistes*.

### *Die Voraussetzung zur Erleuchtung*

Ist es nicht einleuchtend, daß die Verwirklichung geistiger Harmonie eine individuelle Angelegenheit ist? Die einzige Verwirklichung, die überhaupt stattfinden kann, ist ein Wandel des Bewußtseins. Deshalb ist das Erlangen von Gesundheit und Versorgung eine individuelle Demonstration des Bewußtseins, und selbst wenn hundert von uns sie erlangten, so erlangt sie der hundertunderste vielleicht nicht. Wir müssen dafür sorgen, daß der materielle Bewußtseinszustand „stirbt“ und der geistige „neu geboren“ wird. Wenn wir damit weiterkommen können, fällt uns alles übrige zu. Wenn wir die Umwandlung des Bewußtseins nicht zustandebringen, wird uns nichts „zufallen“.

Der *Weg zur Verwirklichung* steht einzigartig und allein da, indem er niemandem etwas versprechen kann. Wenn aber jemand eine Wandlung des Bewußtseins sucht — dann können wir ihm helfen. Was das allerdings für ihn mit sich bringt, darüber wissen wir nichts. Jeder von uns muß von seinen jeweiligen Illusionen befreit werden. Manche von uns sehen ein gewisses Einkommen als selbstverständlich an, aber diese Abhängigkeit müssen wir aufgeben. Andere sehen Gesundheit als natürlich an, und diese Haltung müssen wir auch aufgeben. Mit anderen Worten, wir befinden uns auf dem Wege, unsere materielle Einstellung zu den Dingen abzulegen und in eine geistige Einstellung hineingeboren zu werden.

Niemand erinnert sich besser als ich an meine eigene Zeit großer Not, aber niemand dürfte dankbarer dafür sein, als ich es heute bin, denn daraus entstanden die Grundprinzipien des *Wegs zur Verwirklichung*. Außerdem wüßte ich nicht, wie sie sonst an's Licht gekommen wären, wenn ich nicht „mit dem Rücken an der Wand“ dazu gezwungen worden wäre.

Eine Voraussetzung besteht allerdings für die Erleuchtung, und zwar der Wunsch, heil und ganz zu werden, nicht nur physisch gesund oder finanziell wohlhabend oder glücklich in seinen Beziehungen. Wir können uns Gott nicht um der Dinge willen nahen. Die Dinge werden uns zufallen; in dem Augenblick aber, wo wir uns dem Göttlichen um der Dinge willen nahen, haben wir Es verloren. Der *Weg zur Verwirklichung* beruht vollständig darauf, geistige Weisheit, geistiges Bewußtsein und geistige Gnade zu erlangen und sie sich im Bewußtsein entfalten zu lassen. Das Leben selbst mag dann das Maß des Erlangten bezeugen.

### *Die Gaben Gottes empfangen wir im Augenblick der Selbstaufopferung*

Nichts kann zustande gebracht werden, ohne daß ein geistiges Bewußtsein erlangt wird. Und daher lautet die Frage: „Wie kann ich es erlangen? Wie kann ich mehr davon gewinnen? Und wie kann ich es schneller bekommen?" Der Meister warnte uns, indem er sagte: „Die Pforte ist eng, und der Weg ist schmal, der zum Leben führt; und wenige sind ihrer, die ihn finden." Er war weise. Er wußte, daß der Weg nicht leicht zu finden ist. Wir sehen ein, warum. Sobald wir daran denken, daß wir uns nach geistigem Licht sehnen, kommt uns auf irgendeine Weise der Gedanke, wofür es wohl gut wäre. Darin liegt das Hindernis. Manche wollen es für die Gesundheit haben oder für ihre Versorgung oder für das Zusammensein mit andern, und manche für den Frieden auf Erden. Darin liegt das Hindernis.

Dies bringt uns zu der Bedeutung der Selbstaufopferung, die überhaupt nicht das bedeutet, was die meisten glauben. Selbstaufopferung bedeutet, daß man jene Dinge hingibt, die man haben möchte, die man vom Leben erwartet — gleichgültig was es im einzelnen ist. Geben wir alle Wünsche hin, denn sie sind das Hindernis bei der Erlangung des Höheren. Wenn wir uns Gott nahen und uns Gesundheit, Wohlstand oder irgend etwas anderes wünschen, nahen wir uns Ihm als Bettler, indem wir Ihn indirekt anschuldigen, daß Er uns etwas vorenthält.

Die Gaben Gottes sind nicht materiell; sie sind so beschaffen, daß der irdische Mensch gar nichts von ihnen weiß. Er kann gar nichts von ihnen wissen, da seine einzige Möglichkeit des Wissens ja darin besteht, daß er sich umsieht und vergleicht, was andere haben; das aber ist nicht das Wesen des Reiches Gottes.

### *Der Wert des Nichtwissens beim Gebet*

Eine der größten Hilfen beim Heilen ist, daß wir uns, wenn wir beten wollen, bewußt daran erinnern, daß „Mein Reich ... nicht von dieser Welt" ist* . Was würde geschehen, wenn wir

* Vgl. Matth. 7:14; Joh. 18:36

das Reich des Menschen aus unsern Gedanken ausmerzen könnten und uns in die Meditation begeben, so wie die ersten Polarforscher zum Nord- und zum Südpol gingen und nicht wußten, was sie finden würden? Wenn wir mit folgendem Gedanken meditieren würden: „Ich weiß nicht, was ich beten soll, denn ich weiß nicht, wie das Reich Gottes beschaffen ist und was Gott zu geben hat“, dann würden wir größeren Erfolg haben.

Sehr oft bin ich entsetzt, wenn ich um Hilfe gebeten werde in sehr ernsten Fällen und bedenke, daß Gott sich überhaupt nichts daraus macht. Ich denke an all die Leute, die an Unfällen, Krebs oder Kinderlähmung sterben, und Gott tut überhaupt nichts dagegen. Ja, ich bin wirklich entsetzt, aber aus diesem Entsetzen kann ich dann sagen: "Ich weiß nicht, warum ich zu Dir komme, aber hier bin ich.“

Wie sinnlos wäre es, Gott zu bitten, er möge jemandes Leben retten, wenn andere sterben! Wie schrecklich wäre es, Gott um Versorgung für einen Menschen zu bitten, wenn hunderte von Menschen Hunger leiden! Wenn es uns wirklich gelingt, die Vorstellung von der Lebensrettung oder der Versorgung oder Befreiung aus der Gefangenschaft aus unseren Gedanken zu verbannen und tatsächlich zu erkennen: „Deine Gnade ist mir Genüge, und ich weiß nicht, was Deine Gnade ist“, dann werden sich in unserm Leben Wunder ereignen.

Es hilft mir, wenn ich weiß, daß Gott Geist ist, denn dann komme ich gar nicht in Versuchung, von Gott etwas Materielles haben zu wollen. Gott ist Geist, und damit muß es sein Bewenden haben. Was Gottes Gnade, was Seine Gaben auch sein mögen, sie müssen geistig sein. Uns erscheinen sie, wenn sie kommen, in materieller Form, aber sie sind nicht materiell. Sie erscheinen uns auf materielle Weise, da wir immer noch materielle Vorstellungen vom Reich Gottes haben; es ist aber niemals materiell. Wenn wir eine physische Heilung erleben, sagen wir in unserer Unwissenheit: „Mein Körper wurde gesund gemacht." Wir glauben, unser kranker Körper wäre gesund gemacht worden. Nein, der Leib Gottes ist offenbar geworden. Wir haben den Leib Gottes empfangen.

Wenn wir die Versorgung nur als das sehen könnten, was sie in Wahrheit ist, dann wüßten wir, daß sie nicht Geld ist. Wir malen geistige Gaben immer noch in einer materiellen Form. Aber tatsächlich ist das Reich Gottes unkörperlich, und deshalb ist auch die Gabe Gottes unkörperlich. Wenn wir sagen: „Dies ist mehr oder bessere Materie", so haben wir nicht erkannt, daß dies immer noch geistig ist, allem Anschein zum Trotz.

### *Für den geistigen Impuls erwachen*

Jeder von uns, der soweit auf dem *Pfad* gegangen ist, hat der Welt gegenüber eine Verpflichtung. Da wir wissen, daß es einen geistigen *Einfluß* gibt, den wir *Christus* nennen können, den *Geist Gottes* im Menschen oder die innewohnende *Gegenwart*, besteht diese Verpflichtung darin, daß wir unser Bewußtsein ständig öffnen, bis wir Ihn empfangen, bis Er in uns frei geworden ist und unser Leben übernimmt und uns von dieser Vorstellung der Selbterhaltung befreit und möglicherweise so weit erhebt, daß wir wie Jesus Christus unser Leben niederlegen, auf daß ein anderer leben möge. Nicht, daß wir jemandes Leben nehmen, auf daß wir selbst leben mögen oder jemandes Gut nehmen, auf daß es uns wohl ergehe. Wir legen unser Leben nieder, damit ein anderer leben kann.

Unser Leben verlieren, auf daß andere leben können, ist das Gegenteil der Selbsterhaltung. Weder Sie noch ich vermögen so edel zu sein, daher wollen wir uns nichts vormachen und glauben, daß wir genau das tun würden. Denn von uns aus würden wir es nicht tun, wir könnten es gar nicht. Wenn die Zeit kommt, daß wir es tun würden oder tun, so könnten wir ganz sicher sein, daß wir bis dahin zur Einweihung durch den *Geist* gekommen sind und die göttliche *Gnade* empfangen haben. Wir tun es dann nicht mehr von uns aus, sondern es ist so, daß wir alle Dinge durch Christus zu tun vermögen, selbst das Opfer des persönlichen Selbst.

Es gibt einen *Geist* im Menschen, und dieser *Geist* ist genauso viel im schlechtesten wie im besten Menschen. Dieser *Geist* aber muß erweckt werden. „Wache auf, der du schläfst, und stehe auf von den Toten, so wird dich Christus erleuchten." Wache auf! „Stehe auf, nimm dein Bett und gehe hin."

Es ist dies ein ruhender *Einfluß,* dieser geistige *Einfluß.* Er muß erweckt werden, und trotz aller Hilfe, die wir erhalten mögen, liegt die Hauptverantwortung bei uns, daß wir uns zu der Überzeugung durchringen, daß wir heil, geistig heil, werden wollen, daß wir unser Leben in der göttlichen Gnade leben möchten und nicht in unserer persönlichen Einstellung. In dem Maße, wie wir diesen Punkt erreichen, erscheint auch unser Lehrer. Das göttliche *Bewußtsein,* das in einem Menschen offenbar geworden ist, der irgendwo diesseits oder jenseits des Schleiers ist, erreicht uns, und wir sind frei.

*3. Kapitel*

# Ostern, ein Auferstehen aus der materiellen Einstellung

Es ist ein grundlegendes Prinzip und eine Offenbarung des *Wegs zur Verwirklichung*, daß Gott Bewußtsein ist. Dieses unendliche göttliche *Bewußtsein,* welches Gott ist, ist auch das Bewußtsein des einzelnen Menschen, dein Bewußtsein und meins, und zwar nicht nur teilweise, sondern voll und ganz. Das gesamte unendliche göttliche *Bewußtsein* ist mein und dein individuelles Bewußtsein. Das *Bewußtsein* nimmt Form und Gestalt an als individuelles Sein. Materiell gesehen könnte das niemals der Fall sein.

## *Die materielle Vorstellung von der Erschaffung*

Nach der materiellen Vorstellung haben wir gelernt, daß der Mensch seinen Ursprung im Samen hat; nun aber müssen wir begreifen, daß das gar nicht stimmen kann und es schon vor dem Samen eine Zeit gegeben haben muß. Zu jener Zeit hatte der Mensch seinen Ursprung — nicht im Samen.

Die meisten Menschen haben gelernt, daß der Mensch in

Sünden empfangen und geboren wurde. Irgendwie wurde ihnen beigebracht, daß die ganze Idee von der Erschaffung und Geburt etwas Ungeistiges an sich hat. Sie haben dieses Thema rein materialistisch aufgefaßt. In ihrer Vorstellung ist die Erschaffung ein Akt von Mann und Frau, der immer mit einem gewissen Gefühl des Unrechten verbunden ist, und nach ihrer Auffassung ist es auch unrecht; denn es bedeutet ja, daß sie den Menschen als den Schöpfer ansehen. Der Mensch ist jedoch nicht der Schöpfer; aber die Vorstellung, daß er es ist, liegt der Idee zugrunde, daß der Mensch in Sünde und Ungerechtigkeit hervorgebracht wurde.

In Wahrheit hat der Schöpfungsvorgang nichts Materielles an sich. Er beginnt mit dem Geist Gottes, der sich in dein oder mein Bewußtsein als Liebe ergießt. Diese göttliche Liebe ergießt sich von deinem Bewußtsein in dich und läßt dir alles zukommen, was dein ist, mit dem du eins bist, und darauf erscheint dieser ganze Komplex von Liebe, Vereinigung und Einssein als die Erschaffung der nächsten Generation. Es hat dies gar nichts mit Sünde, Bösem, Endlichem und Sterblichem zu tun. Alles hat seinen Ursprung in der Bewußtseinseinheit mit Gott.

Da nun dieses nach menschlicher Erfahrung nicht der Fall war, geschah die Schöpfung nach einer materiellen Vorstellung; jedoch ist die Schöpfung selbst nicht materiell. Es kann gar keine materielle Schöpfung geben, da Gott der einzige Schöpfer ist, und Gott ist *Geist*. Wir können allerdings eine materielle Vorstellung von der Schöpfung haben, und daher kommt auch jenes Gefühl von Sünde und Unrecht.

Das ganze Leben gründet sich auf einer materiellen Vorstellung von einem geistigen Universum. Alles, was unter den Begriffen der Unmoral und Kriminalität unserer Zeit verstanden wird, entspringt in jener materiellen Einstellung. Denn anstatt, daß unsere Jugend begreift, daß es jeden Tag ihres Lebens ihre erste Pflicht ist, eine bewußte Einheit mit ihrem *Ursprung* herzustellen und den ganzen Tag über und auch in der Nacht vom *Geist* inspiriert und angeregt zu werden, sucht sie ihre Befriedigung auf der materiellen Ebene, auf der Ebene von Körper und menschlichem Geist. So gerät sie an alle möglichen Dinge des Zeitvertreibs und der Vergnügungen, was sich wiederum in dem niederschlägt, was die Welt Sünde nennt. Nichts dergleichen könnte geschehen, wenn jemand morgens beim Erwachen wahrnähme:

*Gott ist Geist, und jener Geist ist das belebende Bewußtsein meines Seins. Es ist der Geist Gottes, der meine Seele, meinen Geist und meinen Körper durchdringt und mich mit dem, was Er erschaffen hat, versorgt.*

Dann wären Geist und Körper den ganzen Tag über darauf aus, daß diese geistige Entfaltung stattfinden möge, und sowohl der Geist wie der Körper kämen in andere Bahnen.

### *Eine materielle Vorstellung von der Versorgung hat Beschränkung zur Folge*

Diese materielle Vorstellung von einer geistigen Schöpfung hatte auch eine materielle Einstellung zur geistigen Versorgung zur Folge, und deshalb beten die Menschen zu Gott und bitten um Nahrung, Kleidung, Wohnung und Versorgung, während es so einfach ist und man überall auf der ganzen Welt nur aus dem Fenster zu sehen braucht, um zu erkennen, daß keine Not herrscht. Die Erde ist voll von der Herrlichkeit Gottes, ob sie nun als Pflanzen, Früchte, Fische, Vögel oder anderes erscheint.

Die Erde ist erfüllt von der Herrlichkeit Gottes, voll von seinem Überfluß.

Wenn wir, anstatt zu glauben, daß diese Fülle geteilt werden müßte, erkennen würden: „Mein Sohn, du bist allezeit bei mir, und alles, was mein ist, das ist dein", dann könnten wir, anstatt das Hab und Gut anderer zu sehen und es zu begehren, in der Gewahrwerdung leben, daß wir durch unser Bewußtsein Zugang zum *Unendlichen* haben. Dieses *Unendliche* ergießt sich auf geistige Weise in unser Bewußtsein, nimmt in unserem Geist dessen Gestalt an und erscheint dann äußerlich sichtbar in der sogenannten materiellen Form.

### *Die materielle Welt ist nur eine materielle Vorstellung von der Welt*

Als Menschen leben wir in einer rein materiellen Vorstellung von der Welt. Wir leben nicht in einer materiellen Welt, denn es gibt gar keine. Gott ist *Geist;* Gott schuf alles, was erschaffen ist; und alles, was Gott nicht schuf, ist nicht erschaffen. Deshalb ist alles, was existiert, *Geist* und die Schöpfung des *Geistes,* wovon die Menschheit jedoch eine materielle Vorstellung hat. Das erlebte der Verlorene Sohn, der seines Vaters Haus verließ, wo es alles frei gab, wo alles ein Geschenk Gottes war, wo ihm alles nach göttlichem Recht gehörte. Er ging hinaus in die Welt der Beschränkungen, wo er glaubte, ein eigenes Reich für sich selbst schaffen zu können.

Eine gewisse Zeit lang gedeihen solche Reiche — nationale oder familiäre —, keines ist aber je von ewiger Dauer gewesen. Wenn das geschehen wäre, hätten inzwischen wohl die Nachfahren von Caesar oder Dschingis Khan oder von irgendeinem andern dieser mächtigen und rücksichtslosen Herrscher die ganze Welt sich untertan gemacht. Und in unserer Zeit würden die Familien einiger unserer finanziellen oder industriellen Genies, welche große Wirtschaftsreiche aufgebaut haben, allmählich ganze Völker und Staaten besitzen und beherrschen. Aber so geht es indessen nicht vor sich. Alle Anhäufungen von materiellen Gütern und materieller Macht zerbrechen stets; sie lösen sich immer wieder auf, da dies in ihrer Entwicklung bereits enthalten ist.

Emerson erklärte es folgendermaßen: „Die Würfel Gottes fallen immer auf die richtige Seite" * . In einer Sache liegt stets schon der Keim, der ihren Untergang bewirkt, und dieser Keim ist die geistige Einstellung, eine geistige Weisheit, die im Bewußtsein liegt. Wenn die Herrscher zu herrschsüchtig werden, zerbricht das Reich unter ihren Händen.

### *Das Gesetz göttlicher Erbschaft*

Was wir erkennen und anerkennen müssen, ist, daß es einen göttlichen Geist und einen geistigen Menschen gibt, daß wir jedoch eine materielle Vorstellung von diesem Gott und Menschen haben. Wir wollen einmal mit der Erschaffung und Geburt beginnen, damit wir feststellen können, daß der Mensch sich nicht aus einem Samen entwickelt. Der Mensch hat seinen Ursprung, d. h. das individuelle Sein hat seinen Ursprung im Gottesbewußtsein, welches sich als Liebe, Freude, Schönheit und Wahrheit Ausdruck verleiht; und sie wiederum teilen sich dem Menschen mit als das, was wir Liebe nennen, indem der Mann sich zur Frau hingezogen fühlt, wobei die geistige Wirksamkeit

* Vgl. *„Der Weg zur Verwirklichung"*, III. Jahrg., Heft 7, 1962

Gottes durch diese Vereinigung sich durch den menschlichen Geist als Liebe und den menschlichen Körper als Same und Ei ausformt; wenn wir auch anerkennen müssen, daß es eine Zeit gab, da es weder Samen noch Ei gab und daher allein das göttliche Bewußtsein existierte.

Mit Hilfe des individuellen Bewußtseins, durch den menschlichen Geist und Körper, wird die nächste Generation nach dem Bild und Gleichnis Gottes hervorgebracht, mit den Merkmalen und dem Wesen Gottes. Das Kind erbt sogar den Namen Gottes und erkennt sich schließlich als Ich, es nennt sich Ich und gibt sich den Namen Ich, welches der Name des *Vaters* ist.

Wenn die Kinder erfahren, daß Gott wirklich ihr *Vater* ist und ihnen seinen Namen *Ich* gegeben hat, so daß alles, was *Ich*, der *Vater* hat, auch *Ich*, der Sohn, hat, so wachsen sie ohne die materielle Einstellung auf. Sie entwickeln sich, reifen heran und zeugen von der Herrlichkeit, die sie im Urbeginn bei Gott hatten, und kennen allein Gott als ihren *Vater*, Lehrer, Ernährer und Versorger, sie kennen nur die Unermeßlichkeit geistigen Gutes und lassen es sichtbare Form werden. Dann wird es nicht mehr geschehen, daß Menschen als Künstler auf die Welt kommen, die Buchhalter werden, um sich ihren Lebensunterhalt zu verdienen, oder daß es Buchhalter gibt, die Künstler sein wollen, oder daß Menschen als schöpferische Genies geboren werden und als Fabrikarbeiter leben. Jeder einzelne wird sich sein Schicksal auf Grund seiner bewußten Verbindung mit Gott gestalten lassen und zur Erfüllung gelangen, so wie es im Anfang im Geiste Gottes bestimmt war.

Wenn man erst einmal begreift, daß Gott der Urheber alles Geschaffenen ist, wird man wissen, daß Er für jeden eine Rolle in seinem Buch festgelegt hat, eine Rolle für jeden Schauspieler in seinem Stück. Gott hat jedem seine eigene Bestimmung gegeben. Ehe man aber nicht gelernt hat, sich jeden Tag um Führung und Geleit nach innen zu wenden, weiß man nicht, welches die eigene Bestimmung ist, und gerät zurück in die materielle Lebenseinstellung, in der man für sich selbst sorgen muß.

Diese materielle Einstellung hat das Vererbungsgesetz hervorgebracht. Das einzige Vererbungsgesetz, das es in Wirklichkeit gibt, ist indessen das Gesetz des göttlichen Erbes. Wir sind Erben Gottes, Miterben aller himmlischen Güter, der geistigen Güter.

## *Die Gabe Gottes ist Allheit*

Materiell gesehen, gibt es Quantität und Qualität, geistig gesehen jedoch Allheit, Einheit. Geistig gesehen, gibt es Gott oder *Bewußtsein,* und dieses kann nicht von sich selbst getrennt oder geschieden werden. Allheit ist dem *Sohn* zuteil, nicht nur ein winziger Teil. Wer das Leben vom materialistischen Standpunkt aus betrachtet, kann dies nicht begreifen, denn er sieht ja nur Teilung und Abtrennung. Daß das Unendliche unendlich und unbegrenzt und gleichzeitig individuell sein kann, ist unbegreiflich.

Schließen wir die Augen und erkennen, daß wir im Innern, in unserem eigenen Sein, nicht allein sind. In der Stille, die im Innern herrscht, haben wir nun Zugang zum *Unendlichen. Ich,* die *Unendlichkeit,* stehe vor der Tür deines Bewußtseins und klopfe an. Du mußt die Türe deines Bewußtseins öffnen und *Mich* einlassen. Dann hast du Zugang zur *Allheit* und stehst in direkter Verbindung mit ihr. Der Geist Gottes ist nun dein Geist. Das ganze Sein Gottes ergießt sich nun in dein individuelles Bewußtsein und strömt durch es hindurch. Da es aber noch Hunderte von anderen Menschen gibt, die diesen *Lehrbrief* lesen und ihr Bewußtsein dem *Unendlichen* öffnen, ist es klar, daß sie auch Zugang zu derselben *Unendlichkeit* haben, jener *Unendlichkeit,* zu der Jesus Zugang hatte, als er sagte: „Ich und der Vater sind eins."

Sehen wir nun in diesem Augenblick, da wir unser Bewußtsein geöffnet haben und Gott Einlaß gewährten, daß wir und der *Vater* eins sind und daß die Allheit, die Gottesbewußtsein ist, nun unser individuelles Bewußtsein ist? Es gibt Hunderte unter uns, die diese Wahrheit betrachten, die in demselben Verhältnis zu der Allheit Gottes stehen. Gott teilt sich nicht und gibt mir ein bißchen und dir ein bißchen. Wer sein Bewußtsein geöffnet hat, hat Zugang zur *Allheit.* Allerdings müssen wir es vermeiden, uns Gott in der materialistischen Einstellung des irdischen Menschen zu nahen und von Ihm einen gewissen Teil zu erhoffen.

### *Wie sich die Schöpfung als Bewußtsein offenbart*

Gott ist *Geist.* Suchen wir allein die Gnade des Geistes, die Weisheit des Geistes. Suchen wir nur die Gabe Gottes, und diese Gabe ist geistig. „Gott ist Geist und die ihn anbeten, sollen ihn im Geist und in der Wahrheit anbeten." Wer zu Gott betet, muß im *Geiste* beten.

*Gott ist Geist, und dieser Geist ergießt sich in mich als mein Bewußtsein. Er ist mein Bewußtsein. Er ist mein Sein, und selbst mein Leib ist zum Tempel Gottes geworden, und Gott ist in seinem heiligen Tempel.*

Was nun geschieht, muß *geistiger* Art sein. Was jetzt in unser Bewußtsein einströmt, muß jenes geistige *Etwas* sein. Es kann Schönheit sein, Kunst, Literatur, Gnade, Liebe, Wahrheit oder

„der Friede Gottes, der höher ist denn alle Vernunft" — *Mein* Friede, der Friede Gottes, geistiger Friede.

Während diese Aktivität des *Bewußtseins* als unser Wirken strömt, nimmt sie in uns Gestalt an. Vielleicht werden wir von einer großen Idee der Schönheit ergriffen, und schon arbeiten auch unsere Hände mit einem Bleistift, einer Feder oder einem Pinsel; und jene geistige Schönheit, die in unsere Seele gedrungen ist und sich nun in unserem Geist formt, erhält durch unsere Hände eine faßbare Gestalt. Vielleicht ist es Musik oder Malerei, Bildhauerei, Architektur oder Literatur. Aber es ist der *Geist Gottes,* der jetzt unser *Geist* ist und in uns Form annimmt und als etwas Konkretes in Erscheinung tritt.

Aus diesem Grunde kann, wenn ein Mensch geistig inspiriert wird und die geistige Idee in ihm Form annimmt, eine Brücke daraus entstehen oder ein Gebäude, eine neue Erfindung oder Entdeckung. Der Ursprung liegt jedoch im *Geist* oder *Bewußtsein Gottes,* der zum Geist oder Bewußtsein des Menschen wird; und dieser *Geist* ist unendlich.

### *Geistiges Erkennen offenbart die Bedeutung von Ostern*

Indem wir nun dieses geistige Leben gewahr werden, können wir das Thema von Ostern betrachten, das sowohl den Tod wie die Auferstehung umfaßt. Die Vorstellung von Tod und Auferstehung gründet sich auf der Unkenntnis der wahren Bedeutung der Geburt. Wir können weder Tod noch Auferstehung begreifen, wenn wir nicht die allgemein geltende falsche Vorstellung von der Geburt durchschaut haben.

Der *Meister* hat sich sehr bemüht, seinen Jüngern und Zuhörern das geistige Wesen Gottes und der Schöpfung aufzuzeigen.

Er versuchte, Ihnen begreiflich zu machen, daß „der Mensch nicht vom Brot allein lebt, sondern von einem jeglichen Wort, das von dem Munde Gottes geht".

Jedes Wort, das aus dem Geiste Gottes in unsern Geist kommt, ist das, wovon wir leben, denn es nimmt bei uns seine Form an und tritt in Erscheinung in der sogenannten materiellen Gestalt. Deshalb soll der Mensch nicht so leben, daß er nur zur Arbeit geht und Geld, Nahrung, Kleidung oder Unterkunft erwirbt. Der Mensch soll davon leben, daß er das Wort Gottes empfängt, indem er auf die stille sanfte Stimme hört, bis er tatsächlich innere göttliche Führung empfängt. Dann wird er auf irgendeine Weise durch eine Idee seines Geistes oder die Arbeit seiner Hände zur Hervorbringung von allem, was für seine Existenz notwendig ist, geführt.

Warum suchte der *Meister* uns davon abzubringen, daß wir uns auf Fleisch und Brot verließen? Warum zeigte er uns, daß wir uns nicht bemühen sollten, Steine in Brot zu verwandeln, selbst wenn wir es vermöchten? Warum sollen wir das nicht tun? Weil der Mensch dadurch zu Schöpfer und Versorger würde und er doch völlig im Bewußtsein des *Geistes* leben soll und Ihn seine Wunder der *Gnade* vollbringen lassen soll.

## *Praktisch sein*

Wenn es uns gelingt, unsere materielle Einstellung, die uns angeboren wurde, aufzugeben — jene materielle Einstellung, die uns dazu drängt, daß wir Geld, Nahrung und Kleidung brauchen — werden wir etwas Wundervolles erleben. Verlernen wir das und sagen uns: „Nein, nein! Geistigerweise kann ich begreifen, daß Gott *Geist* ist. Wenn ich Gott oder den Geist habe, wird mir alles Notwendige zufallen, also werde ich nicht im herkömmlichen Sinne 'praktisch' sein. Ich will praktisch und haushälterisch mit dem Resultat meiner Mühe umgehen, dem Geld oder den Dingen, die mir in die Hand kommen, dem Geschäft oder Beruf, die sich auftun. Mit ihnen werde ich praktisch und nicht verschwenderisch umgehen, ich werde sie nicht fortwerfen, noch will ich durch sie andere schädigen.

Ja, ich werde praktisch sein, aber nicht, indem ich glaube, ich lebte in einer materiellen Welt und müßte mich entsprechend anstrengen, um meine eigene Versorgung, Wohnung und die nötigen Eingebungen zu erlangen. Selbstverständlich werde ich arbeiten, vielleicht sogar mehr als zuvor, aber der Impuls des *Geistes* wird mich dabei antreiben.

Morgens, mittags und abends wende ich mich nach innen und erkenne, daß ich Zugang habe zur Unendlichkeit Gottes, — daß Gott *Geist* ist und *Sein Geist* mich durchströmt, Seine Liebe, Seine Gnade, Sein Friede. 'Meinen Frieden gebe ich euch', und in diesem Augenblick der Betrachtung empfange ich ihn. * Nachdem ich nun durch das Wort Gottes gespeist worden bin, mache ich mich an meine irdischen Aufgaben, die ich heute zur Erledigung empfangen habe. Ich kümmere mich nicht darum, was ich nächstes Jahr tun werde, sondern führe alle Anweisungen, die ich heute empfange, aus."

* Vgl. Luk. 15:31; Joh. 10:30; 4:24; Phil. 4:7; Matth. 4:4; Joh. 14:27.

Wenn wir dies zu erkennen beginnen, wandelt sich unser irdisches Leben; z. B. war ich ein Geschäftsmann, als der Geist Gottes mein Wesen wandelte und ich feststellte, daß ich eine Gabe besaß. Einer empfängt vielleicht die Gabe des Heilens, ein anderer die des Malens oder Schreibens, wieder ein anderer wird Bildhauer oder Musiker — das Leben nimmt eine neue Art an und geht in eine andere Richtung. Frauen erleben es z. B. des öfteren, daß sich, wenn ihre Kinder groß genug geworden sind und sie selbst von den häuslichen Pflichten befreit werden, in ihrem Bewußtsein etwas entwickelt, das ihr Leben weitet, ausbreitet und ihm eine neue Richtung gibt.

Es wird uns nun auch klar, daß eine solche Entwicklung, da Gott ja unendlich ist, unbegrenzt fortschreitet. Mit anderen Worten: Obwohl der Geist Gottes, des Herrn, über uns ist und wir geweiht sind und von seiner Gnade auf irgendeine Weise Zeugnis ablegen, so ist der Zustand niemals statisch. Er bleibt nicht der gleiche, sondern zeigt sich in fortschreitenden, weiterführenden Stufen.

Schließlich werden wir im Bewußtsein so hoch erhoben, daß wir unsere Aufgaben eigentlich ohne den Körper ausführen. Alles spielt sich in der *Seele*, im *Bewußtsein*, ab, wobei der Körper eine immer geringere Rolle spielt. Und es wird uns nicht überraschen, wenn wir eines Tages herausgehen und entdecken, daß wir gar nicht mehr auf der Erde sind, sondern im und durch das *Bewußtsein* leben. Unsere Freunde und Verwandten werden sagen, wir seien eingeschlafen. Aber das ist es nicht, was geschehen ist. Genauso, wie wir aus unserem kindlichen und jugendlichen Körper herausgewachsen sind, wie wir aus dem Körper unserer reifen Jahre und dem Alter des Kinderkriegens herausgewachsen sind, wird uns schließlich die ganze menschliche Gestalt entbehrlich; wir bedürfen ihrer nicht mehr und gehen über zu höheren Formen des Lebens, wo wir vom Hintergrund aus wirksam werden.

### *Weiterleben eines erlangten geistigen Bewußtseins*

Wenn die Menschen sich selbst überlassen würden, so blieben sie nichts als Menschen. Es gäbe keinen Fortschritt. Was sie heute sind, wären sie morgen wieder, und was sie morgen wären, genauso übermorgen. Jahrein, jahraus verblieben sie in ihrer materiellen Einstellung. Glücklicherweise aber stellt jeder einmal fest, daß seine Gedanken sich vom Schmerz und Glück der materiellen Welt abwenden und etwas höherer Art suchen.

Eine solche Umkehr ereignet sich z. B. bei Studenten, die nach etwas Höherem suchen und forschen als ihren bisherigen theologischen Lehren, die sie nicht befriedigen konnten. Sie suchen und forschen, und einige finden etwas. Das Bewußtsein beginnt sich zu regen und zu bewegen. Es ist mit materiellem Erfolg nicht mehr zufrieden, nicht einmal mit den Riten und Zeremonien, die zur heutigen Religionsausübung gehören. Das Bewußtsein verlangt nach etwas Höherem, der Gottverwirklichung, nicht nur einer Theorie davon.

Bei jedem von uns kommt der Zeitpunkt, an dem dieses Suchen beginnt, und ich sage Ihnen, daß diejenigen, die das Bewußtsein eines Mose oder Elia, eines Jesaja oder Jesus, eines Johannes, Paulus oder Buddha erlangt haben, jenseits dieser irdischen Welt weiterleben. Sie sind nie gestorben, noch haben sie uns je in ihrem Bewußtsein sterben lassen. Derselbe *Geist,* der sie anregte zu lehren und zu heilen, während sie auf Erden waren, bewegt sie auch, von ihrem jetzigen erhöhten Bewußtseinszustand aus zu heilen und zu lehren, und sie erreichen uns genau so leicht wie zu der Zeit, als sie noch auf Erden weilten.

Als sie noch auf Erden weilten, war es fast unumgänglich, dorthin zu gehen, wo sie lebten und wirkten, um ihren Segen zu empfangen. Das ist nun nicht mehr erforderlich, denn sie haben sich über die Vorstellung von Raum und Zeit erhoben, die ein weiteres Kennzeichen der materiellen Haltung ist.

Es gibt so etwas wie die Zeit gar nicht. Die Zeit ist Menschenwerk. Es gibt allein *jetzt.* Es gibt keine Vergangenheit und keine Zukunft, was das Leben betrifft. Niemand hat je in der Vergangenheit gelebt; niemand hat je in der Zukunft gelebt. Das Leben kann nur jetzt gelebt werden.

### *Die Anzahl der Jahre sind nicht das Maß geistiger Vollendung*

Solange wir in unserer materialistischen Vorstellung verbleiben, sind wir begrenzt. Je besser wir zu leben und zu essen verstehen und unsern Geist aktiv zu halten, desto länger werden wir sogar irdischerweise leben. Wenn wir aber erst einmal unser Bewußtsein dem *Geiste Gottes* geöffnet haben, werden wir unserem Leben noch weitere Jahre hinzufügen; und dennoch sollten Jahre nicht das Maß unseres Lebens sein.

Die bloße Tatsache, daß man achtzig oder neunzig Jahre alt wird, dürfte keine allzu große Bedeutung haben. Erstens wäre es, wenn diese Jahre nicht in Gesundheit und Harmonie und dem Gebrauch aller Fähigkeiten erreicht werden, sondern so, wie nur allzu viele Menschen sie erreichen, kein besonderer Gewinn. Außerdem zählen nicht notwendigerweise die Jahre für die geistige Art des Lebens; denn Jesus war ja wahrscheinlich erst 33, als er den Übergang vollzog, und die meisten seiner Jünger wurden nicht sehr alt. Jahre können also nicht dafür ausschlaggebend sein, wie weit ein Mensch geistig gelangt ist. Entscheidend ist, wie schnell er sich entwickelt, wie schnell er zu geistiger Reife gelangt, so daß er mit diesem speziellen Abschnitt fertig wird und zu dem weitergehen kann, was jenseits sein muß.

*Für die meisten Menschen ändert der Tod das Bewußtsein nicht*

Das Osterfest ermahnt uns, daß wir unsere Aufmerksamkeit auf die Zeit nach diesem irdischen Leben richten — nicht in Furcht und Angst, nicht einmal in Kummer und Sorge über die, die diese Welt verlassen. Wir müssen dieses Erleben vielmehr vom Standpunkt der Auferstehung und Himmelfahrt aus angehen. In Wahrheit sterben wir nicht; wir erleben nur eine Auferstehung aus dem Grab unseres Geistes und Körpers und erheben uns in den Bereich des Lebens der *Seele, Gottes*, des *Bewußtseins.*

Wenn die Menschen unsere Welt durch das, was wir Tod oder Hinscheiden nennen, verlassen, treten sie in ein Erleben ein, das genauso irdisch ist, wie das, was sie verließen.

Es wird Ihnen nicht schwer sein, das zu begreifen, denn Sie haben ja einen Schimmer des Wortes „Bewußtsein" erlangt. Die meisten von Ihnen verstehen, was ich meine, wenn ich von Bewußtsein spreche. Schließen wir für einen Augenblick die Augen und sagen „Ich". Dieses „Ich", das wir ausgesprochen haben, sind wir, und es ist nicht unser Körper. Es ist jeder selbst in dem Bewußtseinszustand, in dem er sich gerade befindet. Dieses Selbst ist unsichtbar, und niemand vermag es zu sehen. Alles, was man sehen kann, ist unsere Gestalt, aber nicht wir selbst. Wir sind irgendwo im Hintergrund und sehen den andern durch äußere Augen an. Niemand kann ja unser Wesen oder unsern Charakter sehen, weder sehen noch hören, noch schmecken, berühren oder riechen. Das sind wir selbst, die wir, wenn der Körper stirbt, direkt weiterleben, die wir bereits unsichtbar sind. Wir brauchen unsern Körper nicht zu verlassen, wir sind ja nicht in ihm; wir brauchen nicht unsichtbar zu werden, da wir es bereits sind. Wir bleiben unsichtbar und dort, wo wir schon sind.

Ob wir nun hier mit einem materiellen Körper sitzen oder nicht, wir sind immer, was wir sind. Die Absicht, mit uns Kontakt aufzunehmen, zu sprechen, uns zuzuhören, würde das unserm augenblicklichen Bewußtseinszustand Entsprechende aus uns hervorbringen, ob wir nun im Körper sind oder außerhalb, sichtbar oder nicht.

Durch den Akt des Sterbens werden wir nicht besser, als wir es jetzt sind, und auch nicht schlechter. Wir bleiben in demselben Bewußtseinszustand, in dem wir jetzt sind. Der Beweis dafür liegt darin, daß von den frühesten Versuchen auf dem Gebiet des Spiritualismus an, d. h. der Fähigkeit, mit Abgeschiedenen Verbindung aufzunehmen, die Kontakte, von denen wir wissen, stets mit dem Bewußtseinszustand gemacht wurden, den diejenigen, die unsere Erde verließen, vor ihrem Übergang hatten. Ihre Interessen auf Erden blieben genau dieselben.

Wenn also jemand die Verbindung mit uns nach unserem Übergang aufnehmen würde, dann reagierten wir genau in derselben Weise, als wären wir noch in sichtbarer Gestalt. Wir hätten uns im Bewußtsein nicht höher erhoben oder wären tiefer gesunken, außer daß diejenigen, die schon sehr weit auf dem geistigen Pfad fortgeschritten waren, durch das Sterben noch weiter kommen würden.

Wer ein gewisses Maß des Bewußtseins der vierten Dimension erlangt hat, etwas von der Meisterschaft auf Erden, wie die Meister der Welt, geht sofort in sein ursprüngliches oder angeborenes Bewußtsein der vierten Dimension ein. Niemand könnte die Verbindung mit ihnen auf der geistigen Ebene aufnehmen, der nicht selbst etwas von dieser Ebene erreicht hat. Dann aber hätte er Kontakt mit jenem Bewußtsein.

### *Eine ganz neue Menschheit hervorbringen*

Was die Welt Tod nennt, ist nichts als das Herrichten der Bühne für die Auffahrt aus der materiellen Vorstellung von Geist und Körper. Ich könnte mir vorstellen, daß ein Mensch sich im Bewußtsein so weit über die materielle Einstellung zur Zeit und die entsprechende Beschränkung erheben könnte, daß er selbst im jetzigen „Fleische" unbegrenzt leben könnte, wenn es irgendeine Gelegenheit für diese Erfahrung gäbe. Warum nicht? Es ist ja nur eine Sache des Begreifens vom Wesen des Körpers. Wenn man allerdings glaubt, der Same sei der Ursprung des Menschen, dann ist es verständlich, daß wir auch glauben, was aus dem materiellen Samen entstanden ist, habe ein Ende. Wenn wir aber zu erkennen beginnen, daß Etwas dem Samen vorausging, daß der Same selbst eine Ausstrahlung von etwas Immateriellem ist, dann wird die Unendlichkeit des Lebens offenbar.

Paulus wußte darum, als er sagte, daß alle sichtbaren Dinge aus dem Unsichtbaren stammten. Lernen wir erkennen, daß

Gott, der als individuelles Bewußtsein wirkt, uns mit Leben, Wahrheit, Liebe, Geist, Gnade und der Gabe des Teilens und selbst des Gemeinschafthabens erfüllt hat. Dann wird uns klar werden, warum es eine Anziehung vom Mann zur Frau gibt und von der Frau zum Mann, auf daß jeder das seine finde und alles, was darauf folgt, die Liebe ist, die Gott ihnen in die Seele gelegt hat, die in ihrem Geist und Körper Gestalt annimmt und dann den Menschen nach dem Bild und Gleichnis Gottes, den Sohn und Erben Gottes, hervorbringt.

Es ist die Aufgabe der Eltern, diese Wahrheit nicht nur still vor der Empfängnis, während der Schwangerschaft und nach der Geburt zu erkennen, sondern dann auch das Kind, sobald es das zu begreifen vermag, während des Tageslaufs dazu anzuhalten, sich nach innen zu wenden, um die Gnade Gottes, Seine Liebe, Seinen *Geist*, Seinen Schutz und sein Wort zu empfangen.

Während sich diese Erfahrung vervielfacht, wird allmählich auf der Erde eine ganz neue Menschheit entstehen, eine Menschheit, die nicht mehr unter dem Gesetz, sondern unter der *Gnade* steht. Das ist es, was wir in unserem Zeitalter suchen. Wir müssen aber erkennen, daß wir das Gesuchte nur erreichen, wenn wir zur Erschaffung und Geburt zurückgehen, auf daß wir alles begreifen, was in den darauffolgenden Jahren geschieht. Dann werden wir wissen, daß die geistige Wahrheit lautet, daß wir auf Erden sind, um Gott zu verherrlichen, daß Sein Reich das Reich auf Erden sei und das irdische Reich Sein Reich, denn es muß eines sein.

*4. Kapitel*

## Die Wirkung des »fleischlichen Arms« und die Wirkung der Wahrheit

Die religiöse Weltliteratur sowie die Folklore auf der ganzen Welt enthält ein Thema, das nur selten verstanden und meist recht leicht genommen wird — ein Thema, das in Aussagen wie den folgenden erscheint: „Der Vater aber, der in mir wohnt, der tut die Werke . . . Ich vermag alles durch den, der mich mächtig macht, Christus." *

In dieser Literatur findet sich oft der Hinweis auf einen *Geist* im Menschen, einen Engel, eine *Gegenwart*. Dies alles deutet auf eine Existenz von *Etwas* hin, das unsere menschliche Fähigkeit des Begreifens übersteigt. Etwas, das jenseits menschlichen Verstehens liegt und zuweilen eine wichtige Rolle in unserer Erfahrung und dem Leben der geistig Erleuchteten spielt.

Als Elia verbannt wurde und in der Wüste lebte, bemerkte er, daß er zur rechten Zeit Nahrung fand. Die geistige *Gegenwart*, der *Messias*, *Christus*, der *Geist Gottes* im Menschen, der als das geistige Wesen Elias erschien, sorgte für ihn in den Augenblicken

* Vgl. Joh. 14:10; Phil. 4:13.

des Mangels, gab ihm Nahrung, ein sicheres Versteck und Schutz vor seinen Feinden.

Was für eine geistige Erfahrung Mose auch auf dem Berg gehabt haben mag — als er später die Hebräer aus Ägypten herausführte, war die *Gegenwart* bei ihm, wenn er Ihrer bedurfte, als eine Wolke am Tag und eine Feuersäule in der Nacht, die ihn und sein Volk umgaben und vor den Feinden schützten. Manna fiel vom Himmel, und das Rote Meer tat sich auf. Ob es nun ein tatsächliches Erlebnis war oder ein symbolisches, ist dabei unwichtig. Es war eine Erfahrung von Etwas, das jenseits der Natur des Menschen lag und das Wunder vollbrachte, daß sie Sicherheit, Schutz und Nahrung hatten.

Berichte von Etwas Wunderbarem, das stets in Zeiten der Not gegenwärtig ist, finden sich in jeder mystischen Lehre. Schließlich wurden auch religiöse Lehren geschaffen, die nicht nur diese *Gegenwart,* d. h. etwas Göttliches, versprachen, sondern noch eine andere Gegenwart, nämlich den Teufel, Satan, das Böse, den Engel des Todes, so daß es gute Einflüsse im Leben derer gab, denen das Gute zustand, und schlechte im Leben derer, die Schlechtes verdient hatten.

Diese Vorstellung des Übernatürlichen wurde zur Mythologie ausgeweitet. In der Mythologie von Hawaii gibt es die *Menehunen,* die überall Gutes tun, das die Menschen von sich aus nicht fertigbringen könnten. Auch die Iren haben ihre kleinen *Leprechauns.* Alle nordischen Völker haben Engel irgendwelcher Art. In der Volksliteratur ist stets dieser schützende Einfluß im Leben der Menschen gegenwärtig.

*Die Mythologie veranschaulicht das Erwachen der Seele*

In der Oper „*Parzival*" veranschaulicht das Bühnenwerk mit seinen Darstellern, das von Richard Wagner geschaffen wurde, das Erwachen der Seele. Die Handlung hat ihren Mittelpunkt in der seelischen Entfaltung von drei Menschen. Einer von ihnen ist *Titurel,* ein alter Mann, der ein untadeliges Leben als Hüter des heiligen Grals geführt hat. Als er sich zurückzog, übernahm sein Sohn *Amfortas* seine Aufgabe. Der Sohn aber war weder so gewissenhaft wie der Vater noch so unbescholten, so daß der heilige Gral nicht mehr seinem edlen Zweck dienen konnte. Amfortas geriet in den Bannkreis einer Frau von zweifelhaftem Ruf, *Kundry,* und dazu in schlechte Gesellschaft, so daß er von einer unglücklichen Situation in die andere kam, bis er als Hüter des Grals von seinem Gegner, dem bösen *Klingsor,* entmachtet wurde. Amfortas aber erlitt eine Verwundung, von der er nicht genesen konnte. In diese Situation kam der reine *Parzival,* der jeder Versuchung Widerstand leistete und den Rittern den mystischen heiligen Gral wiederum darbieten konnte. — Dies wäre eine kurze und sehr unvollständige Übersicht über das Hauptthema.

Es hat den Anschein, als seien Parzival, Titurel und Amfortas verschiedene wichtige Rollen in diesem Musik-Drama. Was uns Wagner jedoch sagen will, ist, daß es nur eine Person in seiner ganzen Oper gibt, einen einzigen Menschen. Dieser Mensch, Titurel, ist in seinem ursprünglichen Zustand die Verkörperung von Güte, Reinheit, Unversehrtheit, während er andererseits aber auch die Möglichkeit des Abfalls von diesem reinen Zustand in den gewöhnlichen menschlichen Zustand der Mischung von Gut und Böse in sich verkörpert. Dieser Abfall von der Gnade geschieht und tritt als sein Sohn Amfortas in Erscheinung. Der Sohn mit seinen schlechten Eigenschaften ist nur eine andere Seite von Titurels eigenem Wesen. Parzival verkörpert hingegen die Rückkehr des Menschen zu seinem reinen Zustand göttlicher Kindschaft.

In der Bibel wird diese gleiche Wandlung dargestellt durch den ursprünglichen Adam im Paradies, dann durch den Adam, der aus dem Paradies verwiesen wurde, weil er seine Unschuld verlor. Außerdem hatte in dieser Allegorie Adam zwei Söhne, Kain und Abel, die die guten und schlechten Eigenschaften des Menschen personifizierten. Ihr Streit ist ein Sinnbild für den uralten Kampf, den jedes menschliche Wesen bei seiner Rückkehr zu seines Vaters Hause erlebt. Es gibt aber nur eine Person: Adam. Der erste und der letzte Adam sind der gleiche in verschiedenen Bewußtseinszuständen.

Das ist ja auch die Bedeutung der Erzählung vom Verlorenen Sohn, dem Sohn des Königs, der von zu Hause fortging, in die tiefsten Tiefen sank und dann in einem Augenblick des Erwachens zu seines Vaters Haus zurückkehrte.

### *Unser Bewußtsein stellt sich äußerlich als unsere Welt dar*

Auf viele verschiedene Arten und Weisen erfahren wir die Lektion, daß wir in unserem eigenen Bewußtsein die ganze Welt verkörpern, all ihr Gutes und all ihr Schlechtes; es stellt sich indessen so dar, als gäbe es ein „Du“ und ein „Ich“, ein „Er“ und eine „Sie“, anstatt daß wir erkennten, daß alle unsere Erfahrungen ein Nachaußenkehren des Bewußtseinszustandes sind, dem wir uns überlassen haben. Ein Mensch begann sein Leben vielleicht als ein sehr vielversprechendes Kind und wird dennoch später der denkbar übelste Charakter, dann aber wiederum von diesem Zustand in den besten Menschen verwandelt werden.

In Wahrheit sind wir nämlich nicht in der Welt; die Welt ist in uns, und wir stellen in unserem Leben unseren eigenen Bewußtseinszustand dar. Wir verkörpern in uns selbst den Engel, den Menehunen, Christus, den Geist Gottes; andererseits aber auch den Engel des Todes, Formen des Aberglaubens, der Unwissenheit und Angst.

Jesus war allein, und plötzlich stand der Teufel vor ihm. Das war der äußere Anschein, es war jedoch kein Teufel da. Der Meister war allein in der Wüste. Der Teufel war, was aus seinem Bewußtseinszustand herausprojiziert wurde. Er wurde nicht von außen versucht; die Versuchung kam von innen.

Betrachten wir einmal ein Beispiel aus unseren Tagen. Von den möglicherweise 100 000 Bank-Kassierern in unserem Land werden vielleicht nur fünf von dem Geld, das vor ihnen liegt, in Versuchung geführt, während für alle andern dieses Geld überhaupt nicht die leiseste Versuchung darstellt. Das würde also zeigen, daß es nicht das Geld ist, das jemanden verführt; die Versuchung kommt von innen.

Wir wenden die Versuchung immer nach außen, so daß sie uns entgegentritt und wir dann sagen: „Er, sie oder es führte mich in Versuchung!“ Wenn wir eine gewisse geistige Reife erlangen, erkennen wir, wie unsinnig das ist. Niemand und nichts hat die Macht, irgend jemanden von uns in Versuchung zu bringen, wenn es nicht Seiten unserer eigenen Schwächen sind. In dieser Richtung kommen wir zu Fall, oder, wenn wir nicht fallen, fangen wir zu kämpfen an und stehen dem Teufel gegenüber. Heutzutage nennen wir es aber Versuchung. In Wirklichkeit hat niemand Herrschaft über sein Leben, bis er die Wahrheit begreifen lernt, daß er in seinem eigenen Bewußtsein alles beherbergt, was sich ihm außen als Erleben zeigt.

## *Wir finden, was in uns ist*

Es gibt da eine Erzählung von einem Mann im Zug, der neben einem Pfarrer saß. Als sie in die Nähe der nächsten Station kamen, wandte er sich nach kurzer Unterhaltung an den Pfarrer und sagte: „Dort muß ich aussteigen. Ich habe vor, in diese Stadt zu ziehen. Wissen Sie zufällig etwas über sie?"

„Ja", antwortete der Pfarrer, „ich weiß eine ganze Menge, da ich dort einst eine Gemeinde hatte."

„Nun, was für eine Stadt ist es denn? Wie sind die Leute?"

Der Pfarrer sah ihn an und sagte: „Wie waren denn die Leute in der Stadt, in der Sie bis jetzt gelebt haben?"

„Oh", sagte er, „sie waren gemein, sie waren einfach scheußlich."

„Ja, leider muß ich Ihnen sagen, daß es ganz genauso in dieser Stadt sein wird."

Als der Mann ausgestiegen war, stieg ein anderer ein und setzte sich neben denselben Pfarrer. Nach ein paar kurzen Bemerkungen wandte sich der Mann an den Pfarrer und sagte: „Ich hab' mir die Stadt mal angesehen, und sie hat mir ganz gut gefallen. Jetzt fahre ich heim, um meiner Frau davon zu berichten, eventuell könnten wir dorthin ziehen. Haben Sie vielleicht eine Ahnung, was es für eine Stadt ist? Mich interessiert auch immer, was andere Leute von einer Sache halten."

„Ja, ich kenne mich aus", antwortete der Pfarrer.

„Nun, was sind es denn für Menschen, die dort leben? Schließlich sind ja die Menschen die Hauptsache in einer Stadt."

„Was für Menschen leben denn in der Stadt, in der Sie jetzt wohnen?" fragte der Pfarrer.

„Ach, die sind wunderbar! Wir haben so viele gute Freunde; sie sind alle so hilfsbereit, freundlich und uns zugetan."

„Genauso sind die Leute in dieser Stadt, wenn Sie hinkommen."

Der springende Punkt ist, daß niemand irgendwo etwas finden kann, das er nicht hinbringt. Wenn er Liebe finden will, muß er Liebe bringen; wenn er Freundschaft erwartet, muß er Freundschaft schenken. Wenn er Aufrichtigkeit haben möchte, muß er Aufrichtigkeit geben. Sie sind an keinem Ort zu finden, sie sind nicht in der Luft. Was es an Eigenschaften gibt — sie befinden sich im Bewußtsein — deinem Bewußtsein und meinem.

Wie das auf den Erfolg zutrifft! Es gibt Leute, die um 6 Uhr morgens aufstehen und frühmorgens anfangen, um da zu sein und etwas zuwege zu bringen. Andere warten bis 8 oder 9 Uhr. Ob jemand nun um 6 oder um 9 aufsteht, hängt nicht von irgendetwas außerhalb von ihm selbst ab, das ihn dazu antreibt. Er erhält sein Stichwort von innen.

### *Die unterschwellige Wirksamkeit des universellen Geistes*

Ein jeder von uns umfaßt die Unendlichkeit in seinem Bewußtsein. Wenn wir das nicht wissen, werden wir leicht zum Opfer von Gedanken oder Ideen, die wir vielleicht aus der Atmosphäre auflesen — eigentlich nicht aus der Atmosphäre, sondern aus dem Bewußtsein. Das ist klar, wenn wir begreifen, daß es nur *einen* universellen menschlichen Geist gibt. Die Eigenschaften, die z. B. die Amerikaner zu ihrer täglichen Arbeit anregen, sind dieselben, die die Engländer, Deutschen oder Franzosen bewegen. Als Menschen sind wir alle im Grunde gleich. Nicht, daß jeder Mensch in seinem irdischen Leben genau dem andern gleicht; aber jede Rasse oder Nationalität ist genau wie jede andere, indem ihre Menschen von denselben Motiven beherrscht werden.

Das Leben des Menschen hat seinen Ursprung und Antrieb in der Selbsterhaltung. Wenn wir auf der Skala aufsteigen, nimmt der Charakter Eigenschaften wie Nächstenliebe, Wohlwollen und Hilfsbereitschaft an. Aber die Eigenschaften des Geizes, Hasses und Neids, der Rohheit, Wollust und Eifersucht und die Eigenschaften der Freundschaft, der brüderlichen Liebe und Gleichheit, des Schenkens, Wohlwollens und der Gerechtigkeit — diese Eigenschaften sind den Menschen auf der ganzen Welt eigen. Ein Mensch hat wohl mehr von der einen als der anderen Eigenschaft, aber in jeder Rasse und Nationalität, in jeder religiösen oder wirtschaftlichen Gruppe sind sie alle vorhanden, denn es gibt nur einen einzigen Geist des Menschen.

Wir selbst können alles mögliche von diesem universellen Geist uns aneignen und davon, ohne es zu wissen, beeinflußt werden. Die verfeinerten Methoden der Werbung haben eindeutig bewiesen, daß es einen universellen Geist gibt und daß wir durch ihn, auch ohne daß wir es wissen und ohne daß wir merken, daß es geschieht, beeinflußt werden.*

* Dieses Thema wird näher erläutert in dem Kapitel „Break the Fetters that Bind You“, in „The 1958 Infinite Way Letters“, London, 1959. — Zu beziehen auf englisch durch den Heinrich Schwab Verlag, Schopfheim.

Folgendes meine ich mit den Einflüssen, die das menschliche Leben beherrschen: Ein Mann gerät in Versuchung zu stehlen und glaubt in seiner Unwissenheit, er sei ein Dieb, während diese Versuchung in Wirklichkeit eine Projektion des universellen Geistes ist. Ein anderer gerät sexuell in Versuchung, ein anderer auf wieder andere Art. Aber niemals ist es der Mensch selbst. Es ist die unterschwellige Wirksamkeit jenes universellen Geistes, der sich projiziert, worauf ein Mensch reagiert, ohne überhaupt zu wissen, daß er beeinflußt wird.

Im Falle der unterschwelligen Reklame oder Werbung geschieht die „Hypnotisierung" durch jene Personen, die die Wirkung erzielen wollen; das aber, wovon ich spreche, wird von keinem persönlichen Standpunkt aus projiziert, wie auch von keinem einzelnen Menschen und keiner Gruppe von Menschen. Es ist eine Auswirkung des universellen Geistes, der sich selbst projiziert, worauf du und ich reagieren je nach dem Niveau, auf dem unsere Versuchung liegt.

### *Menschliche Wesen sind Antennen für den einen universellen Geist*

Sobald wir erkennen, daß es einen universellen Geist gibt, welcher Eigenschaften oder Charakterzüge wie z. B. Neid, Eifersucht, Bosheit, Geiz, Wollust oder falschen Ehrgeiz projiziert, können wir uns vor seinem Einfluß schützen, indem wir ihn abstellen, genauso wie wir auch unser Telefon abstellen. Wir können die Verbindung trennen, da wir erkennen, daß es sich um den „Geist des Fleisches" handelt. Dieser „Geist des Fleisches", oder der universelle Geist, ist keine Macht in dem Sinne, daß er von Gott eingesetzt ist oder von einem Gesetz gestützt wird.

Medizinische Vorstellungen, die im universellen Geist wirksam sind, haben die Kraft eines Gesetzes, solange die Menschen nicht wissen, daß sie keine Gesetze sind. Wenn sich aber erweist, daß eine medizinische Theorie nicht stimmt und also kein Gesetz mehr ist, dann ist sie auch nicht mehr wirksam. Ein jeder, der zu der Erkenntnis gelangt, daß das Wirken dieses universellen menschlichen Geistes kein Gesetz darstellt und nicht als Gesetz wirksam ist, befreit sich von dessen Auswirkung, und Stück um Stück verschwinden die Auswirkungen seines Einflusses, der ihm gewährt wurde; denn ein im Äußeren auftretender Krankheitszustand wird aufrechterhalten durch den Glauben, der ihn trägt. Es ist wie bei dem Film auf der Leinwand. Wenn man den Film wegnimmt, verschwindet das Bild auf der Leinwand. Wenn man das Bild aus dem Geist entfernt, nämlich das Bild des materiellen Gesetzes, dann beginnt sofort das sichtbar gewordene Bild zu verschwinden.

In dem Augenblick, da wir erkennen, daß wir vom menschlichen Standpunkt aus Antennen für den universellen menschlichen Geist sind und dann die Lage beherrschen, indem wir begreifen, daß all die sogenannten Gesetze, die als Gesetze wirksam sind, gar keine Gesetze sind, machen wir sie allmählich in unserem Leben zunichte. Als die unterschwellige Werbung ausprobiert wurde, lagen die ersten Ergebnisse über 50 Prozent. Heute ist sie längst nicht mehr so wirksam. Warum? Wegen der Arbeit, die inzwischen geleistet wurde, um ihre Wirksamkeit im Bewußtsein zunichte zu machen.

*Zum Eingang und Ausgang für das Gute werden*

Wenn wir anerkennen, daß es einen „Geist des Fleisches", d. h. einen universellen menschlichen Geist gibt, und daß seine Funktion nicht Gesetz ist, werden wir sehen, wie schnell wir die üblen oder kränklichen Einflüsse in unserem Leben wegbringen. Viel Erfolg wird beim Heilen allein dadurch erzielt, daß wir die Wirksamkeit des „Geists des Fleisches" zunichte machen, indem wir um seine Nichtigkeit wissen und nicht, indem wir ihn bekämpfen.

Ihn bekämpfen hieße, ihn anerkennen, als besäße er Gesetzesmacht; aber wenn wir begreifen, daß die einzige Macht, die ein Gesetz besitzt, diejenige ist, die aus dem Unendlichen kommt, dann wirken wir von einer ganz anderen Grundlage aus. Niemand vermochte je das Gesetz der Liebe zunichte zu machen; niemand konnte je das Gesetz der Wahrheit und des Lebens zerstören. Sie bleiben bestehen, denn sie gründen sich im *Unendlichen,* in der *Allgegenwart,* der *Allmacht* und *Allwissenheit.*

Nichts, was durch das Gesetz des *Unendlichen* getragen wird, kann je vernichtet werden. Ein Lebensgesetz kann nie zerstört werden. Die Wahrheit kann niemals zunichte gemacht werden. Wir können die Wahrheit nicht ändern, gleichgültig, was für geistige Anstrengungen wir machen. Wir können sie weder umwandeln noch vernichten, und daher stellen wir uns in dem Maße, in dem wir die Auswirkungen des universellen Geistes bewußt zunichte machen, unter das *Unendliche,* unter das göttliche *Bewußtsein.* Dann werden wir zur Antenne, zum Eingang und Ausgang für das Gute.

*Gott, Unendlichkeit, Allmacht, Allgegenwart und Allwissenheit sind mir ganz nah, unmittelbar an der Schwelle meines Bewußtseins. Ich lausche auf die stille sanfte Stimme und öffne mich bewußt und bin im Zustand des Aufnehmens für das Unendliche, das Reich Gottes, von dem der Meister kündete.*

„Trachtet am ersten nach dem Reiche Gottes." Dieses Reich steht vor der Tür unseres Bewußtseins und klopft an — das ganze Reich unendlichen Gutes.

Immer, wenn ich in Versuchung gerate, an das Gute und Schlechte menschlichen Lebens zu glauben, vermag ich die Augen zu schließen und zu erkennen:

*Ich bin weder der Eingang noch der Ausgang für den „Geist des Fleisches". Dieser hat kein Gesetz, das ihn stützt oder unterhält. Er kann im Bewußtsein nicht als Gesetz wirksam werden, denn ich habe begriffen, was der Meister meinte, als er sagte: „Du hättest keine Macht über mich, wenn sie dir nicht wäre von oben herab gegeben."*

## *Hypnotische Beeinflussung ist an sich keine Macht*

Als der Meister zu Pilatus sprach, wandte er sich nicht an einen Menschen, sondern an die irdische Macht. Und wenn er in diesem Augenblick zu jener irdischen Macht sprach, die ihm als Pilatus erschienen war, und im nächsten zu jener, die als Krankheit, Sünde oder Not erschien — es war stets: „Du hast keine Macht. Was hindert dich? Nimm dein Bett und wandle. Du hast keine Macht."

Irdische Macht wird nicht vom Gesetz Gottes gestützt. Solange wir das Übel nicht bekämpfen, sondern bewußt die Wahrheit erkennen, daß alles Übel unterschwellige hypnotische Beeinflussung ist und daß diese unterschwelligen Wahrnehmungen keine Macht sind und auch nicht sein können, gelingt es uns, sie vor unseren Augen verschwinden zu sehen.

Wir haben alle die Macht der Hypnose an einem Menschen beobachten können, der sich hypnotisieren ließ, und haben ebenso ihre Machtlosigkeit an jenen gesehen, die sich nicht hypnotisieren lassen wollten; woraus hervorgeht, daß die Hypnose an sich keine Macht besitzt. Derjenige, der sie annimmt, verleiht ihr dadurch Macht. Solange wir jedoch bei der Wahrheit bleiben, daß, was nicht von Gott ist, keine Macht besitzt und daß wir selbst mit dem *Unendlichen* eins sind, erheben wir uns über die Hypnotisierung durch die Sinne.

„Keine Waffe, die gegen dich geschmiedet wird, soll etwas ausrichten." Die Welt hat diesen Satz oft genug wiederholt und sich dabei gleichzeitig dem Bösen unterworfen, da sie nicht wußte, daß der Satz an jemanden gerichtet war, an jenen nämlich, der „unter dem Schirm des Höchsten sitzt". Derjenige ist es, dessen Wohnstatt sich kein Übel naht. Er ist es, gegen den keine Waffe erhoben wird — der in der bewußten Erkenntnis verweilt:

*„Ich und der Vater sind eins."* * *Ich bin Eingang und Ausgang für das Unendliche, Göttliche, und keines der sogenannten Gesetze ist Gesetz. Deshalb sind sie nicht in mir, für mich oder durch mich wirksam.*

* Vgl. Matth. 6:33; Joh. 19:11; Jes. 54:17; Psalm 91:1; Joh. 10:30.

### *Die Wichtigkeit, sich vom Einfluß des menschlichen Geistes zu befreien*

Der Mensch hat ebenso die Verpflichtung, und es ist für ihn sogar noch viel wichtiger, sich von diesem universellen menschlichen „Geist des Fleisches" zu befreien und bewußt eins zu werden mit dem *Unendlichen,* wie sich vorzunehmen, im Leben Erfolg zu haben — was man auch für eine Laufbahn wählt.

Leider erliegen heutzutage viele Menschen der falschen Vorstellung, daß sie gezeichnet sind, wenn sie im Ghetto geboren wurden, und daß es keine Hoffnung für sie gibt. Das trifft aber heute ebenso wenig zu wie je zuvor. Niemals in der Geschichte ist es vorgekommen, daß Menschen, die das Zeug dazu hatten, nicht vorwärts gekommen wären, und das gilt für jedes Land. Natürlich gab es in einzelnen Staaten weniger Erfolge, da dort zum Erfolg mehr Mut notwendig war. Bei uns ist es nie allzu schwierig gewesen, vorwärts zu kommen, wenn man von dem Wunsch beseelt war, etwas zu vollbringen. Immer hat es Chancen gegeben, wobei es auch gleichgültig war, wo jemand geboren wurde und aufwuchs oder welchen Einflüssen er in der Jugend ausgesetzt war. Stets hat der Mensch es in sich, weiterzukommen und aufzusteigen.

Dies bringt uns wieder zu dem Engel, dem Menehunen, Christus — gleichgültig, wie wir es nennen. Jeder von uns hat ein *Etwas* in sich, das es ihm möglich macht, sich über die Beschränkungen seines irdischen Daseins zu erheben. Allerdings will Es erkannt sein. Und es ist notwendig, daß man sich stetig an Es hält. Oftmals aber strengen wir uns, wenn wir gelernt haben, daß Es existiert, nicht genug an, um Es zu erhalten. Tatsache aber ist, daß wir alle jenen *Geist* in uns haben.

Die größte Bedeutung kommt hierbei dem Wort „Erkennen" zu. Irgendwann einmal müssen wir erkennen, daß dieses Etwas in uns existiert, Etwas, das nicht nur größer ist als unsere irdischen Beschränkungen, sondern so groß, daß es uns aus den menschlichen Schranken hinaushebt und über sie hinaus. Dann müssen wir uns auf Es verlassen, müssen lernen, Ihm zu lauschen, Ihm in unserem Bewußtsein Raum zu geben, daß es wirken und sich entfalten kann.

### *Die schöpferische Intelligenz bestimmte uns für ihre Zwecke*

„Du wirst dem vollkommenen Frieden schenken, dessen Geist auf dich gerichtet bleibt." Man muß aber fähig sein, den Geist auf Ihn zu richten; zuerst muß man Ihn erkennen, dann anerkennen und sich dann fest an die Wahrheit halten, daß *Etwas* in unserem Bewußtsein wirkt, das uns unserer Bestimmung zuführt. Wir sollten gar nicht zu erfahren suchen, was diese unsere Bestimmung ist, oder uns ein bestimmtes Ziel setzen, derart, daß wir nach einem besonderen Beruf oder einer entsprechenden Arbeit verlangen. Wir setzen uns jedoch zum Ziel, unsere Bestimmung zu erreichen, was immer diese Bestimmung sei.

Eine unendliche *Intelligenz* hätte dieses wunderbare Weltall nicht erschaffen können, ohne daß sie uns größer als das Weltall und in gewisser Hinsicht größer als die Fische im Meer, die Vögel in der Luft, das Vieh auf den tausend Hügeln oder die Frucht der Erde geschaffen hätte; denn uns wurde Herrschaft über dies alles gegeben. Deshalb muß in uns eine Bestimmung verborgen sein. Die schöpferische *Intelligenz* muß uns für Ihren eigenen besonderen Zweck bestimmt haben.

In den vergangenen sechs- oder siebentausend Jahren nachweisbarer Geschichte hat der Mensch nicht unter dem Gesetz Gottes gelebt, nicht unter dem schützenden Einfluß Gottes, sondern stattdessen mehr oder weniger ein „kreatürliches" Leben wie ein Tier. Das Leben bestand sozusagen aus einem gegenseitigen Auffressen: der Mensch ißt das Tier, ein Tier frißt das andere, usw. Die Ursache dessen wird in der Geschichte von „Parzival" dargestellt. Einstmals wurde auf irgendeine Weise aus dem reinen Menschen der unreine. Der Sohn Gottes wurde zum Verlorenen Sohn. Der Unsterbliche wurde zum Sterblichen. Der Adam im Paradies wurde zum Adam, der aus dem Paradies vertrieben war.

Wann das geschah und wo oder sogar wie, läßt sich nicht feststellen. Tatsache ist indessen, daß es geschah, und als Menschheit haben wir uns von unseres Vaters Haus entfernt. Wir haben das Paradies verlassen, die eine Welt geistigen Bewußtseins, und haben all die Jahrhunderte lang nach unserem eigenen Verstand gelebt, durch unsere eigene Kraft, die wir mehr mißbrauchten als gebrauchten. Erst jetzt beginnen wir zu begreifen, daß wir zu unseres *Vaters* Haus auf einem bestimmten Weg zurückkehren können.

Als erstes muß die Erkenntnis eintreten, daß unser menschliches Leben die direkte Folge jenes unterschwelligen Wirkens des universellen menschlichen Geistes ist, dessen, was wir auf dem *Weg zur Verwirklichung* Hypnotisierung, allgemeine Beeinflussung, Suggestion oder Mißbrauch nennen, nicht von einem Menschen zum andern, sondern ausgehend von jenem universellen „Geist des Fleisches". Wenn wir das einmal erkannt haben und eingesehen, daß es gar nicht nötig war, uns dem hinzugeben, können wir zum nächsten Schritt weitergehen.

Wir glaubten, wir seien der irdische Mensch, irgendwie getrennt und abgeschieden von Gott, irgendwie verirrt und ohne die Möglichkeit, unseren Weg zurückzufinden. Nun aber wissen wir um das Einssein mit dem *Vater*, und wir wissen auch, daß wir nur vom Weg abgekommen sind, weil wir von unserem eigenen Wesen abgekommen sind. Es ist uns nicht bewußt gewesen, wer wir sind, was wir sind oder gar wo wir uns befinden.

„Ich und der Vater sind eins." Ich lebe und webe und habe mein Sein im unendlichen göttlichen Bewußtsein. Ich stehe unter dem Gesetz des unendlichen Guten. Ich stehe allein unter der Herrschaft und dem Einfluß des Unendlichen, und in meinem Bewußtsein ist Jenes, das mir vorangeht, „das Krumme gerad'" zu machen, das mir zur Seite steht als Gott und über mir schwebt als ein Engel.

„Ich bin gekommen, daß sie das Leben und volle Genüge hätten ... Ich will dich nicht verlassen noch versäumen." Ob ich heute voller Glück zum Himmel steige oder morgen im Unglück in die Hölle fahre oder „wandele im finsteren Tal"* — am nächsten Tag bin *I c h* bei mir, und *I c h* will mich nie verlassen. *I c h* werde bei mir sein bis an der Welt Ende.

Wir lassen dieses *Ich* unser ein und alles sein und gehen dann bei Tag und Nacht unserer Arbeit nach und führen aus, was uns zu tun aufgetragen ist; wir erkennen dabei stets, daß außer unserem eigenen Bemühen jene *Gegenwart* in uns, bei uns und durch uns wirkt: *Ich* in dir bin mächtig.

* Vgl. Jes. 26:3; 45:2; Joh. 10:10; Hebr. 13:5; Psalm 23:4.

*5. Kapitel*

# Die Welt der materiellen Vorstellung und die Welt der geistigen Erkenntnis

Als der *Meister* die Worte sprach: „Mein Reich ist nicht von dieser Welt" * , gab er damit zu verstehen, daß es zwei Reiche gäbe. Und doch ist die Wahrheit die, daß es nur eine einzige Welt gibt. Gott schuf alles, was geschaffen ist, und was Gott nicht schuf, ist nicht geschaffen. Da Gott *Geist* ist, ist die einzige Welt, die existiert, eine geistige Welt, und der einzige Mensch, der existiert, ist der geistige Mensch.

Was meinte dann aber der *Meister,* als er sagte, daß sein Reich nicht von dieser Welt sei? Und was meinen wir, wenn wir von zwei Welten, wie sie beim *Weg zur Verwirklichung* gelehrt werden, sprechen? Erstens ist es unsere Meinung, daß es nur eine Welt gibt, welche geistig ist. Die andere Welt ist die materielle Vorstellung, die wir uns von dieser geistigen Welt machen, sie ist in Wirklichkeit ebensowenig eine Welt, wie die Welt des Geisteskranken eine wirkliche Welt ist. Die Welt des Geisteskranken ist eine Welt, die im menschlichen Geist erlebt wird, eine eingebildete Welt seiner Vorstellung. Sie hat keine äußere Existenz, ebensowenig wie auch unsere materielle Vorstellung von der Welt, die wir alle haben, eine vom menschlichen Geiste getrennte

* Joh. 18 : 36

Existenz besitzt. Der Beweis liegt darin, daß wir durch die Entwicklung geistiger Erkenntnis die Welt zu sehen vermögen, wie sie ist: wir sehen die materielle Vorstellung sich auflösen und erblicken an ihrer Stelle eine Welt der Harmonie.

Die Welt eines kranken Menschen ist für die materielle Einstellung eine sehr reale Welt; wenn die Kranken jedoch zur geistigen Heilung kommen, wandelt sich ihre ganze Welt. Nicht allein die Krankheit löst sich auf, sondern der Kranke selbst gewinnt eine ganz neue Lebensanschauung.

### *Die materialistische Lebenseinstellung setzt sich aus zwei Mächten zusammen*

Der Mensch lebt in einer Welt materieller Vorstellungen, und das bedeutet, daß er das Leben nach Anzahl, Gewicht und Graden mißt, nach Fülle und Beschränkung. Ja, eins der ersten Dinge, die ein Kind lernt, ist, daß zwei Sachen nicht gleichzeitig denselben Raum einnehmen können. Wenn es den Kopf am Tisch stößt, merkt es, daß dort entweder der Kopf oder der Tisch seinen Platz hat, aber nicht beide. Wenn das Kind heranwächst, beurteilt es alles nach diesem Maßstab. Es schreibt den Bazillen eine Macht zu, teils eine gute, teils eine schlechte. Es schreibt manchen Menschen eine gute Macht zu, anderen hingegen eine schlechte.

So gibt der Mensch in seiner materiellen Lebenseinstellung also ständig irgend etwas oder irgend jemandem Macht. Das ganze menschliche Leben besteht aus einer Mischung von Gut und Böse, wobei der Mensch allen möglichen Dingen außerhalb von ihm selbst Macht verleiht. Tatsächlich kommt es selten vor, daß jemand Macht oder Beherrschung für sich selbst beansprucht. Und wirklich erhält er alles Gute durch einen anderen Menschen oder eine andere Sache. Er selbst ist entweder der Nutznießer oder das Opfer. Selten nur gibt er zu, daß er eine Herrschaft besitzt, und lebt ihr gemäß.

Wenn sich der Mensch indessen von einer orthodoxen Lehre einer mystischen zuwendet, so kehrt er das um, wenn er auch immer noch an vielen früheren Anschauungen festhält. Er gibt nicht nur Gott mehr Macht und der Welt weniger, sondern er gibt Gott Macht *über* die Welt. Er wendet sich an Gott als einer Macht gegen die Krankheit, und so ziemlich alle seine Gebete flehen um Heilung oder irgendeine Art des Wohlergehens. Er glaubt gewöhnlich nicht so wie der herkömmliche metaphysische Heiler, daß sich diese wünschenswerten Dinge ereignen werden, obwohl der bisherige Kirchenglaube der Einstellung Vorschub leistete, daß Gott eine Macht sei, die der Krankheit Herr würde. Bitten Familien nicht ihren Pfarrer, er möchte für ihre sündigen Verwandten beten, womit sie ja Gott Macht über Begierden und andere Sünden zusprechen? Viele wenden sich an Gott um Hilfe bei der Beschaffung ihres täglichen Brotes. Durch dieses Hinwenden erkennen sie allmählich an, daß, obwohl das Böse Macht besitzt, es doch ein *Etwas* gibt, das *Gott* oder *Wahrheit* heißt und unter bestimmten Umständen Macht hat über die Übel dieser Welt.

So beginnt das Suchen nach Gott. Dabei leben die Betreffenden zwischen zwei Welten: der Welt materieller Ausprägung, in der sie Menschen, Dingen und Umständen Macht zuschreiben, und der Welt geistiger Gewahrwerdung, wo sie die Überzeugung gewinnen, daß es *Etwas* gibt, das größer ist als die Mächte des Bösen. Es ist ein ständiges Hin- und Herschwanken, indem sie teils in einer Welt leben, in der sie dem menschlichen Geist und den Dingen Macht zuschreiben, und andernteils in der Welt leben, in der sie Gott als die größere von diesen zwei Mächten anerkennen.

Die geschichtliche Überlieferung zeigt, daß es nur selten einen Menschen gegeben hat, der sich über diese zwei Welten zu erheben vermochte. Der Grund liegt darin, daß das niemandem gelingt, der nicht in sich selbst eine Offenbarung gehabt hat. Mose hat wohl die Machtlosigkeit des Pharao bewiesen; Elia hat zwar die Ohnmacht seiner Verfolger und die Machtlosigkeit von Not und Elend gezeigt, und Jesus die Machtlosigkeit von Sünde, Krankheit und Tod. Dennoch schenkt uns die Erkenntnis und Verwirklichung all dieser Heiligen, Seher, Propheten und Lehrer keine Freiheit.

Wir lesen von ihren Erfolgen und sagen: „Wie wunderbar!" und dabei wünschen wir, wir könnten dasselbe tun. Das aber können wir nicht, da wir nicht begriffen haben, daß allein Gott uns frei machen kann. Wir glaubten, daß wir frei würden, wenn wir zu Füßen des Meisters säßen, obwohl es ja auch die Juden nicht befreit hat, die beim *Meister* saßen. Es schenkte auch den Jüngern Buddhas keine Freiheit ebensowenig wie denen, die Gelegenheit hatten, bei Laotse zu sein. Jedenfalls haben wir geglaubt, daß wir durch das Hören und Lesen der Wahrheit frei würden, und es wird Zeit, daß wir alle erkennen, daß es nicht so ist.

Die höchste und letzte Wahrheit lautet, daß wir allein durch das Wort Gottes frei werden können. Der Mensch muß vom Worte Gottes leben. Für mich ist das Wort Gottes die Wahrheit, die im Innern offenbar wird und aus meinem Munde kommt; für Sie ist dies hingegen nur die Darstellung des Weges, der zur Freiheit führt. Es kann Ihnen Ihre Freiheit nicht garantieren. Sie werden vielleicht vorübergehend gesund und frei; das aber ist nicht die wirkliche Freiheit. Freiheit kann allein von Gott kommen, und das kann sich nur als ein Wirken Ihres eigenen Bewußtseins im Innern ereignen.

Ein paar von unseren Schülern sind zur Gotteserkenntnis hindurchgedrungen und damit zu ihrer Freiheit; sie hatten vielleicht das Gefühl, ich hätte es für sie getan; aber das stimmt nicht. Es war das Reagieren ihres Bewußtseins. Gewiß hätte ich es, wenn ich es für einen getan hätte, genauso für alle andern getan. Es würde mir die größte Freude bereiten, wenn alle Menschen auf dem ganzen Erdenrund unverzüglich ihre Freiheit gewännen; aber diese Macht besitze ich nicht. Die Gnade Gottes wirkt in meinem Bewußtsein, und jeder Schüler empfängt Sie je nach seiner Bereitschaft. Aus diesem Grunde bedeutet für manche die erste Meditation ein ganz großes Erlebnis, für andere hingegen ereignet sich dies erst nach fünf oder zehn Jahren. Gewöhnlich tritt diese Erfahrung allmählich ein, da es ohne innere Vorbereitung recht schwierig ist, die Wahrheit in einem Augenblick zu erfassen, und außerdem der Schock so groß ist, daß ein allmählicher Übergang im Bewußtsein vor sich gehen muß.

Es wurde mir offenbar, daß der Weg dazu in jenen Momenten der Meditation lag, in denen ich ruhig und für die stille sanfte Stimme aufnahmefähig sein konnte. Dann wurde mir klar, daß auf diesem Wege schließlich jeder, der ausreichende Geduld besaß, um zur Meditation zu gelangen, zur Freiheit kommen könnte.

Sehen Sie einmal an, was zuweilen mit plötzlichen Offenbarungen geschieht. Ich hatte in Victoria, B. C., (Kanada), einen Kursus gehalten und befand mich auf dem Weg nach Kalifornien zum nächsten Kursus. Ich nahm das Flugzeug nach Seattle, und als ich dort auf dem Flugplatz auf meinen Anschluß wartete, kam mir „aus heiterem Himmel" eine Idee. Sie war so mächtig, daß ich sofort anderthalb Seiten niederschrieb, die ich „zwischen zwei Welten" nannte. Das ereignete sich vor zwölf Jahren. Jedes

Jahr nahm ich mir diese Seiten vor und las sie durch, aber es pflegte nichts weiter zu geschehen bis gestern früh auf dem Berg Maui *, als mich das ganze Geheimnis überströmte. Man bedenke, das geschah, nachdem ich zwölf Jahre lang gewartet hatte!

Die Meditation öffnet das Bewußtsein und bereitet den Weg, um die Wahrheit im Bewußtsein aufzunehmen. Als Petrus Jesus als Christus erkannte, sagte Jesus: „Fleisch und Blut hat dir das nicht offenbart, sondern mein Vater im Himmel." Und als Jesus die drei Jünger mit sich zum Berg der Verklärung nahm —, warum nahm er da nicht die zwölf Jünger mit? Er wußte, daß nur drei so weit waren, daß sie Mose und Elia, die ja angeblich gestorben und begraben waren, auf dem Gipfel des Berges bei ihnen sehen konnten. Anscheinend wußte Jesus, daß nur Petrus, Jakobus und Johannes die Wahrheit erkennen konnten, daß es keinen Tod gäbe. Vielleicht könnten wir, wenn wir die *Verklärung* erlebt hätten, den Meister sagen hören: „Diese Männer haben nie in der Welt gelebt. Sie lebten im Bewußtsein. Deshalb seht ihr nur, was euer Bewußtsein fassen kann."

### *Geistige Erkenntnis allein offenbart die Welt der göttlichen Schöpfung*

In Wahrheit gibt es nur ein einziges geistiges Universum, das Reich Gottes, das genauso auf Erden ist wie im Himmel. Als menschliche Wesen vermögen wir jedoch den Himmel auf Erden nicht zu schauen, ehe wir nicht unsere geistigen Fähigkeiten entwickelt haben. Solange wir mit unseren fünf physischen Sinnen sehen, hören, schmecken, tasten und riechen, urteilen wir nach der Erscheinung. Die fünf Sinne können niemals von der Wahrheit

* 28. März 1964

zeugen, denn wir sehen auf materielle Weise; wir hören materiell, wir schmecken, tasten und riechen nur auf materielle Art. Wenn wir indessen den Himmel auf Erden wahrnehmen wollen, müssen wir die Fähigkeit der geistigen Erkenntnis, der geistigen Unterscheidung entwickeln, was etwas ganz anderes ist als irgendeine menschlich-irdische Fähigkeit. Mit dieser Fähigkeit vermögen wir die Welt der göttlichen Schöpfung zu erblicken. Darauf spielte der *Meister* an, als er sagte: „Richtet nicht nach dem Ansehen, sondern richtet ein rechtes Gericht."

Wenn wir die Frau, die beim Ehebruch ertappt wurde, oder den Schächer am Kreuz nach menschlichen Maßstäben beurteilen würden, so wie wir sie mit den Fähigkeiten des Sehens, Hörens, Schmeckens, Tastens und Riechens erfassen können, dann wäre die unvermeidliche Schlußfolgerung: „Ja, dies ist eine Frau, die beim Ehebruch ertappt wurde, und dies ist ein Dieb, der gefaßt wurde und nun bestraft wird." Wenn wir jedoch des Meisters Fähigkeit der geistigen Erkenntnis besäßen, würden wir die beiden betrachten und sagen: „So verdamme ich dich auch nicht" — nicht: „Du sollst bestraft werden", sondern, „Deine Sünden sind dir vergeben". Mit anderen Worten: „Ich sehe nichts Böses in dir."

Jegliche Arbeit beim geistigen Heilen beruht auf geistiger Erkenntnis. Geistiges Heilen hat nichts zu tun damit, daß man zu Gott betet, er möchte jemanden gesund machen, ihn ändern oder ihm vergeben. Diese Form des Betens, selbst für den edlen Zweck des Heilens, ist so veraltet wie der Alte aus alten Zeiten. Geistiges Heilen beruht auf der Fähigkeit der geistigen Unterscheidung, wobei einer, der ein gewißes Maß jener Fähigkeit erlangt hat, in der Lage ist, zu erkennen und zu sagen: „Du bist mein lieber Sohn, an dem ich Wohlgefallen habe. Keine Sünde hat dein Haus, deine Seele, deinen Geist oder Körper berührt."

Bedenken wir aber, daß die Augen dem widersprechen, wie

auch die Ohren, die Nase, der Geschmack, die Berührung — all dieses widerspricht dem geistigen Sinn. Wie töricht käme es jemandem, der ganz in der materiellen Einstellung befangen ist, vor, wenn man ihm sagte: „Du und der *Vater* sind eins, und alles, was der *Vater* hat, das ist dein. Einer jeglichen Waffe, die wider dich zubereitet wird, soll es nicht gelingen.“ Wie dumm muß das für jemanden klingen, der all' die Waffen sieht, die gegen den Menschen geschmiedet werden, und wie wirksam sie eingesetzt werden!

Es stimmt uns wahrscheinlich äußerst nachdenklich, wenn wir jene Bibelstellen aus dem 91. Psalm lesen, wo es heißt, kein Übel würde sich unserer Wohnstatt nahen. „Wie lächerlich!“, sagen wir. „Alle diese Übel nahen sich meiner Wohnstatt und der meines Nachbarn, meiner Familie und meiner Freunde!“

Nur, wenn wir einen Schimmer von der Bedeutung der allerersten Worte erfaßt haben: „Wer unter dem Schirm des Höchsten sitzt“,* beginnen wir die wahre Bedeutung des 91. Psalms zu sehen, die besagt, daß, wer zu der Wohnstatt im höheren Bewußtsein aufgestiegen ist, in einer ganz anderen Welt lebt. Dort können die Waffen, die gegen ihn geschmiedet werden, nichts ausrichten, die Übel, die in der Luft sich ausbreiten, können sich seiner Wohnstatt nicht nahen. Dies bezieht sich jedoch allein auf diejenigen, die „unter dem Schirm des Höchsten sitzen“, die im *Worte* wohnen, die Christus in sich wohnen lassen.

* Vgl. Matth. 16:17; 17:1,3; Joh. 7:24; 8:11; Luk. 7:48; Psalm 91:1.

### *Die große Versuchung: das materielle Universum akzeptieren*

In unserer irdischen Welt gibt es nur einen universellen Geist, und da jeder auf diesen einen Geist eingestellt ist, empfängt er Eindrücke und Anregungen sowohl im Guten wie im Bösen. Wahrscheinlich sind selbst die reinsten menschlichen Wesen, die je gelebt haben, zu irgendeiner Zeit einmal von „fleischlichen" Gedanken versucht worden. Vielleicht sind die ehrlichsten Männer in ihrer geschäftlichen oder beruflichen Laufbahn versucht gewesen, zu lügen oder zu betrügen. Der Grund liegt darin, daß, was dem einen universellen Geist angehört, uns allen zuteil wird. Wir kommen nicht allein durch das, was die Welt Sünde nennt, in Versuchung; wir werden durch Krankheit, Angst, Not in Versuchung geführt, da dieser universelle menschliche Geist aus den Gegensatzpaaren: Fülle und Mangel, Gesundheit und Krankheit, Leben und Tod, Reichtum und Armut mit allen dazwischenliegenden Abstufungen besteht.

Bis wir weiter fortgeschritten sind, werden wir von Versuchungen verfolgt werden, ebenso wie es beim *Meister* der Fall war. Wir erfahren von den „drei Versuchungen", aber in Wirklichkeit war jede Erfahrung, die er während seiner irdischen Mission machte, eine Versuchung. Ob es nun ein Geisteskranker oder Menschen, die hungrig waren, oder ein verwelkter Baum war, immer waren es Versuchungen. Welcher Art? Versuchungen, von der materiellen Einstellung aus zu urteilen.

Wie war es mit der Schwiegermutter von Petrus, die alt genug war zu sterben? Warum sollte sie nicht in Frieden sterben? Ja, wenn man von der materiellen Einstellung aus urteilte; aber vom höheren Bewußtsein aus, das Gott als den *Vater* gesehen hat, wußte Petrus, daß es sich nicht um einen materiellen Menschen handelte. Mit anderen Worten, die Versuchung, eine alte Frau zu sehen, mußte neu begriffen werden. Und wenn wir zurückgehen und sehen, daß Gott die Substanz jeglicher Form ist, erkennen wir Gott als die Substanz des Samens und damit eine alte Frau so zeitlos wie Gott. Dies einzusehen, bringt die Heilung hervor.

Die materielle Einstellung will uns glauben machen, daß wir Einzelwesen sind, die zu einer bestimmten Zeit geboren werden, zu einem gewissen Zeitpunkt zu altern und in unseren Fähigkeiten nachzulassen beginnen, mit den natürlichen Konsequenzen des Sorgens und ängstlichen Bekümmerns. Wenn wir aber über die materielle Einstellung hinauswachsen und Gott als unser *Selbst* betrachten lernen und Christus als unsere wahre Identität, brauchen wir uns nicht mehr zu sorgen; wir können uns der jeweiligen Arbeit des Tages zuwenden und vermögen dann alle jene anderen Dinge der Außenwelt in angemessener Weise zu begreifen.

Solange wir zwischen zwei Welten leben, werden wir den Versuchungen entgegentreten müssen, so wie wir in Hawaii gelegentlich eine Sturmflut zu gewärtigen haben. In der Welt des Materiellen ist eine Sturmflut eine zerstörerische Macht. Gibt es aber eine Welt des Materiellen, oder stellt diese Sturmflut nur eine materielle Anschauung der Welt dar? Lautet die Wahrheit nicht, daß das Bewußtsein die einzige Ursache, das einzige Gesetz und die einzige Auswirkung ist? Deshalb muß also das Bewußtsein die Substanz der Wellen sein — nicht nur das Bewußtsein, sondern mein Bewußtsein, da es kein anderes gibt. Habe ich in meinem Bewußtsein eine zerstörerische Macht? Nein! Und da ich die Welt als geistig erkannt habe, gibt es nichts in mir, was irgend etwas oder jemanden vernichten will, und ich sehe, daß mein Bewußtsein nicht einmal mein eigenes ist, sondern Gottes. Gibt es aber im Bewußtsein Gottes etwas, das zerstört?

Die meisten Menschen wurden gelehrt zu glauben, daß Stürme,

Feuer und Katastrophen „Maßnahmen Gottes“ seien. Wenn wir jedoch zwischen zwei Welten leben, sind wir immerhin so weit, daß wir verstehen, daß das schöpferische *Lebensprinzip* nichts geschaffen haben kann, das Ihm selbst schadet. Sonst müßten wir ja das Element der Wahrheit und Liebe übergehen und Gott unter den Menschen oder auf die menschliche Ebene stellen. Da wir indessen zwischen zwei Welten sind, unterliegen wir noch insoweit der materiellen Einstellung, als wir durch den Anblick einer Sturmflut in Versuchung geraten; andererseits müssen wir jedoch unser Bewußtsein so weit zu erheben vermögen, daß wir erkennen:

*Was akzeptiere ich da? Nehme ich materielle Mächte an? Glaube ich an die Macht der Dinge? Oder weiß ich um die Wahrheit, daß mir alle Herrschaft gegeben ist, nämlich meinem individuellen Bewußtsein? Wenn im Bewußtsein des Einzelnen alle Macht vorhanden ist, dann ist alle Macht gut, und außer ihr gibt es keine Macht.*

Mehr bedarf es nicht.

Das nächste Mal haben wir es vielleicht mit einer Epidemie zu tun oder mit einer Wahl, und wir müssen zugeben, daß wir versucht sind zu glauben, in der Infektion, der Ansteckung oder der Wahl läge eine zerstörende oder böse Macht. Aber auch dann müßte unser Bewußtseinsstand hoch genug sein, so daß wir ihnen in aller Entschiedenheit entgegentreten könnten, so wie Jesus vor Pilatus kam und sagte: „Du hättest keine Macht über mich, wenn sie dir nicht wäre von oben herab gegeben“ — keine Macht über den Menschen oder über die Welt, da alle Macht im Bewußtsein liegt. „Einer jeglichen Waffe, die wider (uns) zubereitet wird, soll es nicht gelingen,“ * *wenn wir gelernt haben, das*

* Vgl. Joh. 19:11; Jes. 54:17.

*Schwert nicht zu ziehen*, das zweischneidig ist. Was meinen wir damit? Wir meinen, daß das Schwert, das wir unserem Nächsten auf die Kehle richten, eine Rückseite hat, die sich auf unsere Kehle richtet.

Jeder von uns wird mit diesen Versuchungen in einer anderen Weise fertig. Manche Versuchungen machen auf uns vielleicht gar keinen Eindruck, auf andere dafür umso mehr; manche machen einem gar nichts aus, anderen indessen viel. Irgendwann wird jedoch jeder vom Guten und Bösen versucht, versucht, das Gute zu erleben, was sich später als gar nicht so gut erweist. Das ist die Welt, die der *Meister* „diese Welt" nannte.

### *Das Problem liegt immer in der materiellen Einstellung*

„Diese Welt" ist eine Welt in unserem Geiste. Unser Körper kann nicht krank werden, wenn wir in unserem Geist nicht Krankkeit akzeptieren. Der Körper kann von sich aus selbstverständlich nicht sündigen; er kann weder stehlen noch betrügen; d. h. wir können physisch nichts ausführen, was wir nicht zuvor in unserem Geist akzeptiert haben. Die Welt des menschlichen Geistes ist „diese Welt".

Außerdem gibt es „Mein Reich", das göttliche *Bewußtsein*, das offenbar geworden ist durch den Geist, der in Jesus Christus war. Daß wir diesen Geist erlangen, ist unser Ziel in jener Botschaft vom *Wege zur Verwirklichung*. Wir suchen nicht Gesundheit, Wohlstand, Glück, Freundschaft oder Friede auf Erden. Wir suchen allein das göttliche *Bewußtsein*, jenen Geist, der in Jesus Christus war. Wenn wir einmal mit diesem Geist in Berührung gekommen sind, wenn wir einmal Zugang zum göttlichen *Bewußtsein* haben, trennen wir uns mehr und mehr vom universellen „fleischlichen“ Geist des Menschen. Wir erleben immer weniger von den Auswirkungen dieses Geistes und mehr von der Frucht des Geistes Gottes. Das höchste, was wir erlangen können, ist die volle bewußte Vereinigung mit Gott, mit dem göttlichen *Bewußtsein*.

Es stimmt, daß wir nicht behaupten können, wie Paulus uns sagt, jene bewußte Einheit schon erlangt zu haben. Wir stehen immer noch unter einzelnen weltlichen Versuchungen. Selten ist es die Versuchung einer schweren Sünde; vielleicht aber einer Krankheit oder vielleicht der Einsamkeit. Aber jetzt und wahrscheinlich noch eine Zeitlang müssen wir eben wissen, daß wir noch nicht ganz am Ziel angelangt sind.

Bei unserer Arbeit müssen wir erkennen, daß es eine materielle Daseinsauffassung gibt, von der das ganze Ach und Weh, das uns begegnet, stammt. Wir können die Schuld dafür keinem Teufel zuschreiben. Es gibt keinen. Wir können sie nicht den Nachbarn, Feinden oder Verwandten anhängen, weil wir, selbst wenn das Böse in der Gestalt von einem oder mehreren Menschen erscheint, dem Zwiespalt und den Disharmonien des Lebens in geistiger Weise nie begegnen würden, während wir andererseits Erscheinungsformen für die Wirklichkeit halten und glauben, daß es die Person, die Gruppe oder Nation sei, die Ideologie oder das Wetter, das Klima, die Infektion oder die Ansteckung, die an unseren Leiden schuld seien. Diese Leiden kommen nur von einer einzigen Sache: der materiellen Lebenseinstellung.

Soweit wir alle noch mit Problemen zu kämpfen haben — der Grund liegt bestimmt in einer gewissen materiellen Einstellung, die sich durchsetzt. Wir haben immer noch ein materielles Körpergefühl; wir unterhalten immer noch eine materielle Vorstellung von Vulkanen und Erdbeben. Nichts davon ist materiell, da Gott alles geschaffen hat, was existiert, und Gott ist *Geist*.

Solange wir jedoch eine materielle Vorstellung davon aufrechterhalten, bereiten sie uns eine physische Erfahrung.

Wenn uns eine Versuchung ankommt und wir in der Lage sind, sie zu entpersönlichen, indem wir sie als materielle Einstellung erkennen, so befreien wir uns ganz schnell von ihr, da weder Sie noch ich die materielle Einstellung geschaffen haben. Sie ist von Anbeginn der materiellen Welt unser Erbteil gewesen. Indessen gibt es gar keine materielle Welt, nur eine materielle Vorstellung, die für uns als eine Welt erscheint.

Wenn eine Versuchung unser Bewußtsein berührt — in unserem eigenen Leben oder dem unserer Nachbarn, Freunde oder Feinde — dann müssen wir, anstatt uns vor ihr schützen zu wollen, sie abzulehnen oder um ihre Überwindung zu beten, schnell erkennen: „Dies ist die materielle Einstellung, die Schöpfung selbst hingegen ist geistiger Natur. Dies ist die materielle Vorstellung von einem Menschen; der Mensch aber ist geistig, denn er wurde als Bild und Gleichnis Gottes geschaffen." Wenn wir irgend etwas anderes als dies sehen, dann haben wir es mit einer materiellen Einstellung zu tun.

Wenn wir den gegenständlichen oder physischen Menschen sehen, sehen wir wirklich die materielle Vorstellung. Warum? Weil es so etwas wie einen gegenständlichen Menschen gar nicht gibt. Der Mensch ist jenes Selbst, das aus unseren Augen scheint, für irdische Augen ganz unsichtbar. Niemand hat den Menschen je mit seinen Augen gesehen. Sowie wir in Kategorien denken wie: der sündige Mensch, der kranke oder verkrüppelte Mensch, gestatten wir nur der materiellen Vorstellung, unsere Gedanken zu beherrschen und unseren Blick zu trüben. Wenn wir dem verkrüppelten Menschen entgegentreten können und sagen: „Was hindert dich? Nimm dein Bett und wandle", so bedeutet das, daß wir ihm wirklich in die Augen sehen und den von Gott geschaffenen Menschen hinter den Augen erblicken: den *Geist,* welcher Mensch, Leben, Seele, Intelligenz und Liebe ist, und dies alles auf unkörperliche Weise.

### *Geistige Erkenntnis offenbart die Unendlichkeit*

Solange wir zwischen zwei Welten leben, geben wir zu, daß die materielle Einstellung uns eine Macht in unserem Körper erblicken läßt: die Macht, gesund oder krank oder auch sündig zu sein. Dann aber müssen wir uns zu einem höheren Bewußtseinszustand erheben und erkennen, daß es nur die materielle Vorstellung ist, die uns das glauben läßt, denn im Paradies gibt es keine Macht, sondern allein reines Sein.

Die materielle Einstellung hat uns hypnotisiert, so daß wir den Glauben an die dreimal zwanzig und zehn Jahre, ein paar mehr oder weniger, akzeptiert haben. Wenn wir diese Welt hingegen mit geistigen Augen betrachten, sehen wir dann irgend etwas, was uns oder unseren Körper verletzen könnte? Es ist allein die Annahme eines Alterungsprozesses, einer nachlassenden Kraft, die uns dem unterwirft, genauso wie wir früher annahmen, wir würden uns erkälten, wenn wir im Durchzug säßen oder nasse Füße bekämen, während wir jetzt sogar von den Medizinern selbst wissen, daß dies nicht dieUrsache der Erkältung ist. Durch unser höheres Bewußtsein ist uns klar, daß es hier draußen in der Luft keinen Einfluß gibt, der sich auf uns auswirkt.

Wir wollen das indessen nicht zu beweisen suchen, außer insofern, als wir mehrmals am Tage unser Bewußtsein öffnen und dabei wahrnehmen, daß unser Bewußtsein Zugang zur *Unendlichkeit* hat und die *Unendlichkeit* uns *jetzt* durchströmt und darstellt. Wir werden nicht durch Gedanken, Meinungen und Vorstellungen beeinflußt, die in der Luft als menschliche Ansichten herumschwirren, sondern wir stehen unter der stillen sanften Stimme. Wir schaffen dann ein Bewußtsein, in welchem wir uns ganz allein dem göttlichen Einströmen der Wahrheit öffnen, und es wird uns deutlich, daß der Mensch wirklich von einem jeglichen Wort der Wahrheit, das durch sein Bewußtsein geht, lebt.

Jede geistige Heilung, die jemals eingetreten ist, ist ein Zeugnis für die Wahrheit, daß jemand ausreichend in geistiger Weise erleuchtet war, daß er die Erscheinungsform nicht akzeptierte. Die materielle Auffassung befaßt sich mit Quantität und Qualität; die geistige Erkenntnis hingegen weiß nichts von Quantität und Qualität (auch nichts von *großen* Quantitäten oder *guter* Qualität). Die geistige Erkenntnis weiß allein von der Allheit des unsichtbaren *Geistes.*

Die geistige Erkenntnis sieht Gott als das Bewußtsein individuellen Seins, als die Liebe, das Leben, die Wahrheit, den *Geist,* der in dir und mir als Einzelwesen wohnt. Die geistige Erkenntnis sieht uns nicht als Personen mit eigenen Fähigkeiten und eigenen Beschränkungen. Sie sieht Gott als individuelles Sein, und sie nimmt wahr, daß jedes Einzelwesen die Allheit des Geistes Gottes, die Gnade und die Gegenwart Gottes besitzt. Nach der Erscheinungsform zu urteilen, scheint dies nicht der Wahrheit zu entsprechen; wir müssen jedoch stets wissen, daß was wir sehen, hören, fühlen, schmecken und riechen die materielle und begrenzte Vorstellung von den Dingen darstellt. Was wir innerlich wahrnehmen, wird immer der Wahrheit näher kommen.

Wenn wir der Welt etwas Gutes antun wollen, müssen wir das Gebet der geistigen Erkenntnis beten, im Geist und in der Wahrheit. Wir dürfen uns nicht an unser Beten um Frieden auf Erden und Sieg über die Feinde oder Sieg für unsere Lebensweise oder eine andere Lebensrichtung oder für unsere politische Lieblingspartei halten. Wenn wir der Welt helfen möchten, müssen wir durch die Erscheinungsformen hindurchsehen und die Herrschaft

Gottes über den Menschen und die Erde erblicken, wie auch über das Wetter und Klima.

### *Die materielle Anschauung hat ein falsches Bild von der einen Welt*

Der „natürliche Mensch“ steht nicht unter dem Gesetz Gottes, und es kann nicht anders sein. Und zwar weil er aus den fünf physischen Sinnen zusammengesetzt ist, plus einer Vernunft, die sich auf dem Zeugnis der Sinne gründet. So wie es mir offenbart wurde, daß es keinen Gott im irdischen Leben gibt, so kann es jetzt als sicher gelten, daß es dort keinen Gott gibt, wo die Menschen ausschließlich durch die fünf Sinne leben, da diese ja ständig von Gut und Böse zeugen.

Als mir offenbar wurde, daß allein dadurch, daß wir Gott in unserem Bewußtsein aufnehmen, wir ihn auch in unserem Leben erfahren können, vervollständigte sich das Bild. Dennoch blieb die wichtigste Frage: „Wie bringe ich Gott in mein Bewußtsein?“ Eine Antwort ist natürlich die Meditation. Die Fähigkeit zu meditieren ist die Fähigkeit, das Bewußtsein für das Einströmen des *Geistes* zu öffnen, und was uns weiterhilft, ist, mit jener Wahrheit über das Wesen der sogenannten materiellen Welt, die uns offenbart wurde, zu leben und umzugehen, einer Welt, die, wie uns die Offenbarung gezeigt hat, gar keine materielle Welt ist.

Gott schuf alles, was geschaffen ist, und alles, was Gott schuf, ist gut. Das Geheimnis besteht nicht darin, wie eine materielle Welt denn entstand, sondern es ist die Entdeckung, daß das nie der Fall war. Es gab niemals eine zweite Schöpfung. Was so bezeichnet wird, ist in Wirklichkeit die illusorische Schöpfung der fünf physischen Sinne, die den Horizont dort sieht, wo gar keiner ist, die die Wagenspuren zusammenlaufen sieht, obwohl sie sich gar nicht berühren, die das Wetter als zuweilen vernichtend sieht, die Bazillen als zuweilen verderblich betrachtet und Menschen als zuweilen schädigend. Diese materielle Einstellung bildet die unwirkliche und täuschende Welt. Jedoch gibt es eine solche Welt gar nicht; es gibt eine Vorstellung des Bösen, aber kein Böses selbst.

Auf dem *Weg zur Verwirklichung* haben wir erfahren, wie wichtig es ist, daß man lernt, von der Person abzusehen. „Was heißest du mich gut? Niemand ist gut, denn der einige Gott. . . . So verdamme ich dich auch nicht.“ Du bist nicht böse. Paulus sagte: „Denn das Gute, das ich will, das tue ich nicht, sondern das Böse, das ich nicht will, das tue ich. So ich aber tue, was ich nicht will, so tue ich dasselbe nicht, sondern die Sünde, die in mir wohnt.“

Der *Meister* erkannte die Vorstellung des Bösen als den Versucher, als Satan, der ihm ein materielles Weltbild bot, eine materielle Vorstellung von der Macht, ja sogar von der Nahrung. Steine in Brot verwandeln? Warum? Wer bedarf des Brotes? „Der Mensch lebt nicht vom Brot allein, sondern von einem jeglichen Wort, das durch den Mund Gottes geht.“ Der Mensch lebt auf geistige Weise, nicht auf materielle. „Ich habe eine Speise zu essen, von der ihr nicht wisset.“ Die Speise aber, von der Jesus sprach, war das Wort Gottes, *Geist*. Und doch, wenn man Ihn besitzt, tritt das materielle Brot, die materielle Speise, stets in Erscheinung. Und wenn es, wie im Falle von Elia, von den Raben gebracht werden mußte, wenn es geheimnisvoll auf den Steinen erschien oder von einer armen Witwe herbeigeholt wurde — es war jedenfalls da.

Die äußere Erscheinung wird stets auftreten, solange wir nicht die äußere Erscheinung suchen, sondern das Wesentliche, welches das *Wort* ist. Der Mensch muß vom *Worte* leben, von der Wahrheit, von der geistigen Erkenntnis, der geistigen Schau.

Die zwei Welten sind die Welt der materiellen Vorstellung und die Welt der geistigen Unterscheidung und Erkenntnis. Die Welt der materiellen Vorstellung schafft die Identität des irdischen Menschen und hat es mit ängstlichem Sorgen um Leben, Gesundheit, Versorgung, Wohnung und menschliche Beziehungen zu tun. Die Welt der geistigen Unterscheidung erkennt: „Mein Sohn, du bist allezeit bei mir, und alles, was mein ist, das ist dein," und erfüllt dann ohne Sorgen, was in jener Stunde an Arbeit zu erledigen ist, und nimmt die unsichtbare *Gegenwart* wahr, die vorangeht „das Krumme gerad' zu machen".

Die zwei Welten sind die wahre Welt der göttlichen Schöpfung, in der sich Gott als individuelles Sein darstellt, als dein Sein und meins, Freund und Feind; und die andere Welt, die keine Welt ist, sondern materielle Einstellung, die sich ihre eigenen täuschenden Bilder von der Welt schafft und uns wie Eichkätzchen im Käfig umhertreibt.

Die materielle Einstellung nimmt uns in unserem eigenen Geist gefangen, während die geistige Wahrnehmung uns das Bewußtsein öffnet und durch die Weisheit Gottes sehen läßt. Die materielle Einstellung schafft ein gegenständliches Universum, obwohl es gar nicht existiert. Die Vorstellung von gutem und schlechtem Wetter und schädlichem und gesundem Klima ist ein Produkt der materiellen Vorstellung. So ist auch die ganze Bazillen-Theorie, wie auch die Idee von Wohlstand und Armut, ein Produkt dieser Vorstellung. Wenn wir in diesen Kategorien denken, befinden wir uns in „dieser Welt". Sowie wir indessen begreifen, daß Gott *Geist* ist, erkennen wir durch geistige Unterscheidung, mit unseren geistigen Fähigkeiten.

Ebenso wie unsere Intelligenz uns ohne Angst mit der Bahn fahren läßt, weil wir mit dem Verstand begriffen haben, daß die Schienen in der Ferne nicht zusammenlaufen —, ebenso wie wir jenseits des Horizontes ein Schiff nehmen können, da wir ja verstandesmäßig erkannt haben, daß es allem Anschein zum Trotz keinen Horizont gibt, so werden wir, wenn unsere geistigen Fähigkeiten wachsen, sich füllen und vertiefen, entdecken, daß jeglicher Anschein der Beschränkung zu schwinden beginnt. Weniger und weniger Anblicke der Beschränkung werden uns zuteil. Immer deutlicher wird es uns, daß unsere fünf Sinne uns nicht wahrheitsgemäß informieren. Und allmählich, während wir lernen, nicht nach der Erscheinung zu urteilen, sondern für einen Augenblick ruhig zu sein und den Geist Gottes Zeugnis geben zu lassen, vermögen wir auf geistige Weise zu erkennen und so zu sehen, wie Gott sieht.

Jedesmal, wenn uns Erscheinungen in das Blickfeld kommen, die wir nicht verstehen, müssen wir einen Augenblick innehalten und, wenn möglich, unsere Augen schließen und aufnahmebereit sein, als ob wir lauschten. Dann hören wir anstelle des kranken oder sündigen Menschen die *Stimme* sagen: „Dies ist mein lieber Sohn, an dem ich Wohlgefallen habe. So will ich ihn auch nicht verdammen,“ was auch wir nicht tun wollen.*

Die Fähigkeit, sich aus der Welt der materiellen Einstellung in die Welt der geistigen Erkenntnis zu begeben, entspricht unserer Fähigkeit, die Augen vor den Erscheinungsformen zu schließen und auf jene innere Eingebung, die Stimme Gottes, zu warten, daß sie uns die Wahrheit dessen kundtut, was wir sehen.

So einfach ist es und so schwierig; schwierig, weil wir damit geboren und großgezogen wurden, eine Erscheinung geradewegs anzusehen und sie dann mit unserer sogenannten menschlichen Klugheit als gut oder schlecht zu bezeichnen und dann noch stolz darauf zu sein, was für gute Psychologen wir doch seien.

Diese Botschaft zu hören und zu lesen ist dasselbe, als ob man eine Unterrichtsstunde in der Schule erhält. Wir müssen die Arbeit mit nach Hause nehmen, sie *studieren, aufnehmen* und *üben*, bis sie uns zu eigen wird. Sie muß *geübt* werden, bis sie zum Erlebnis wird und wir sie schließlich in unserem Leben verwirklichen. Dann gehen wir wieder hin, um mehr zu erfahren, sind jedoch dann schon so weit, daß wir es direkt vom Ursprung empfangen können.

Angesichts der Versuchung, daß es eine äußere Macht gibt, wenden wir uns ungesäumt nach innen und erkennen, daß das *Bewußtsein* die grundlegende Substanz, die Ursache und das Gesetz der ganzen Schöpfung ist. Deshalb offenbart die Schöpfung durchweg seine Eigenschaften, seinen Charakter und sein Wesen, weil die Schöpfung all derer Erbe ist. Dies zeigt uns auch, warum wir Gottes nicht gegenüber dem Irrtum bedürfen.

Die geistige Entwicklung verlangt, daß wir anstatt zu urteilen und uns eine Meinung zu bilden, die Augen gegenüber den Erscheinungsformen schließen, die Ohren aufmachen, und Gott Sich in unserem Geist bezeugen lassen. Dann wird uns die geistige Wahrheit hinter den Erscheinungsformen offenbar werden.

* Vgl. 1. Kor. 2:14; Matth. 19:17; Joh. 8:11; Röm. 7:19, 20; Matth. 4:4; Joh. 4:32; Luk. 15:31; Jes. 45:2; Matth. 3:17.

*6. Kapitel*

# Den Übergang von der persönlichen Einstellung zum geistigen Sein vollziehen

In der Welt des „natürlichen Menschen", des Menschen, der nicht unter dem Gesetz Gottes steht, findet sich die persönliche Einstellung des „Ich", welches dieses Menschsein ausmacht. Sie nennen mich „Joel", aber ich nenne mich „ich". Dieses „Ich", das Joel genannt wird, behauptet, einen eigenen Geist zu besitzen, einen Geist, der Meinungen und Vorstellungen bildet, die sich auf dem sozialen Milieu, auf Familie, Rasse, Religion, Politik und Erziehung gründen. Wegen dieses menschlichen „Ich" sieht und hört Joel nicht genau. Das Ergebnis davon ist, daß diese persönliche „Ich"-Einstellung Sie ansieht und, anstatt daß sie Sie erkennen kann, wie Sie wirklich sind, bildet sie sogleich Vorstellungen, Meinungen und Urteile über Sie. Wenn ich Ihnen sagen würde, was für welche, dann würden Sie einwenden: „O nein, das bin ich nicht. Sie kennen mich gar nicht. So bin ich überhaupt nicht."

Wenn ich mit den Politikern, die ich ablehne, sprechen könnte und ihnen sagen, wie ich sie sehe, dann würden sie auch erwidern: „So bin ich überhaupt nicht. Meine eigene Mutter würde mich enterben, wenn ich so wäre." Und doch sehe ich, Joel, sie so.

Und Sie tun genau das gleiche in Ihrem irdischen Wesen. Sie betrachten Ihre Freunde, Ihre Verwandten und Ihre Feinde und bilden sich Vorstellungen und Meinungen über sie, und Sie glauben tatsächlich, daß sie so sind. Aber so sind sie gar nicht.

### *Der Mensch sieht die Welt durch einen eingeschränkten Geist*

Kürzlich las ich ein sehr interessantes Buch, in dem der Verfasser, ein brillanter Kopf, ungefähr fünfzig oder sechzig Männer und Frauen der Jetztzeit nannte und dann anfügte, wie er sie beurteilte. Als ich das las, hätte ich Ihnen genau sagen können, welcher Religion, Rasse, Berufsgruppe der Verfasser angehörte, selbst wenn ich nicht gewußt hätte, wer die einzelnen Personen waren. Warum? Weil alles, was er schrieb, die Vorstellungen einer bestimmten Religion, Rasse und Berufsgruppe verkörperte. Eine Hälfte der Welt würde indessen seine Schlußfolgerungen verabscheuen, und seine Ansichten würden von Menschen anderer Religionen, Rassen oder politischer Überzeugung als lächerlich betrachtet werden.

Jegliche menschliche Beurteilung, sei sie nun brillant oder nicht, wird durch den eingeschränkten Geist des Menschen vorgenommen, der ja durch Nationalität, Rasse, Religion und Politik beeinträchtigt ist. Selbst wenn eine solche Beurteilung vom menschlichen Standpunkt aus zuträfe, so würde sie doch im ganzen gesehen überhaupt nichts zum Frieden auf Erden oder dem guten Willen unter den Menschen beitragen; denn es gäbe ja immer die entgegengesetzten Anschauungen, was wiederum ein Grund zu Feindschaft und Krieg sein könnte.

Für jeden von uns muß es einmal so weit sein, daß wir unsere Ansichten, Meinungen und Vorstellungen beiseite lassen, uns nach innen wenden und den *Geist* Gottes unserem Geist Zeugnis geben lassen (vgl. Röm. 8, 16). Solange wir jedoch nach den Erscheinungsformen urteilen, solange wir Gutes und Schlechtes sehen und daran glauben, stehen wir nicht unter dem Gesetz Gottes. So erschreckend das auch klingen mag, wir werden nicht umhin können, es anzuerkennen.

### *Geistiges Sein bildet keine Urteile*

Wenn wir den Übergang zu dem Menschen vollziehen, der „von einem jeglichen Wort, das durch den Mund Gottes geht", lebt, so bilden wir keine Urteile, sondern schaffen vielmehr ein Vakuum in uns selbst, das ein inneres Lauschen zur Folge hat, auf daß ein göttliches Urteil sich bemerkbar machen kann. Dann werden wir erkennen, daß wir niemals Gutes oder Böses sehen und hören, sondern daß vielmehr der Mensch und das Weltall, wie Gott sie erschaffen hat, uns offenbar werden und wir etwas ganz anderes über diejenigen erfahren, über die wir uns irgendein Urteil gebildet hatten.

Nicht etwa, daß wir so manche Dinge und Menschen als schlecht oder voller Irrtum betrachtet hätten und nun erklären wollten, sie seien alle gut. Nein! Das wäre Unsinn. Wir haben das irdische Leben ebensowenig gut wie schlecht zu nennen. Das ist der Fehler, der von den metaphysischen Praktikern gemacht wird, die behaupten: „Ich bin geistig", oder „Du bist geistig", oder „Er ist geistig", während sie doch genau wissen, daß das nicht stimmt — selbst wenn sie nicht anderer Leute Gedanken lesen konnen, so kennen sie ja ihre eigenen. Man wandelt sich nicht so, daß man das, was man als schlecht beurteilte, auf einmal gut findet. Nein, man läßt es ganz und gar, Menschen oder Dinge sowohl als gut wie als böse und schlecht zu bezeichnen, und schafft die Möglichkeit, daß das Urteil im Innern gefällt wird. Dann wird es weder gut noch böse ausfallen, sondern geistig.

Das Teuflische ist das Wort „Ich", das Ich, das ich Joel nenne, und das Ich, das Sie „ich" nennen; das Ich, das aus Einflüssen der Herkunft, der Familie und der Umgebung gebildet wird. Zu einem gewissen Zeitpunkt unserer geistigen Entfaltung geschieht jedoch etwas, und wir werden aus der „Ich"-Einstellung heraus- oder über sie hinausgehoben. Auf einmal bemerken wir, daß jenes Ich nicht vorhanden ist, denn wenn wir uns nun umsehen, wird uns klar, daß wir nicht mehr dieselben Urteile und Meinungen haben. Jenes „Ich", welches Urteile, Meinungen und Vorstellungen schuf, existiert nicht mehr und ist nicht mehr aktiv. Zwar funktioniert es noch bis zu einem gewissen Grade. Vielleicht haben wir noch die gleiche Vorliebe für bestimmte Speisen wie früher oder noch den gleichen Geschmack, was Wohnungen oder Autos betrifft, aber davon abgesehen ist jenes kleine „Ich" weit fort. Plötzlich sehen wir, ohne uns einen Begriff, eine Meinung oder Theorie gebildet zu haben, und wir fragen uns, woher das kommt.

Als Menschen stehen wir unter dem universellen Einfluß des Glaubens an Gut und Böse, — das Erbe des Adam; und wegen dieser Beeinträchtigung durch Umgebung und Erziehung glauben wir eben, daß gewisse Dinge und Zustände schlecht oder verderblich und andere gut seien.

Wenn aber dieser Übergang im Bewußtsein eintritt und der Bursche „Ich" fort ist, können wir von Bazillen, Infektionen und Ansteckungen erfahren oder von unseren Feinden, ohne daß wir darauf reagieren; denn es gibt jetzt kein „Ich" mehr, das irgendeine Ansicht, Vorstellung oder Meinung über sie hat. Die Worte „Bazillus" und „Infektion" jagen uns keine Angst mehr ein. Die Worte „Springflut", „Krieg", „Bomben" erfüllen uns nicht mehr mit Schrecken; sie haben deshalb keine Macht mehr über uns, weil kein „Ich" mehr vorhanden ist.

### *Die persönliche „Ich"-Einstellung hat die Schaffung eines vom Menschen gemachten Gottes zur Folge*

Die Ursache der Furcht ist stets das Bewußtsein eines persönlichen „Ich"; ich will nicht krank sein, ich will nicht sterben, ich möchte nicht zum Sklaven werden oder irgendwie eingeschränkt sein. Aufgrund dieses persönlichen „Ich"-Bewußtseins ist die sofortige Reaktion dieses kleinen „Ich", wenn irgend etwas, was ihm gefährlich werden könnte, erwähnt wird, sich zu schützen, sich zu fürchten und nach Heilmitteln und Auswegen zu suchen.

Die Folge dieses Kampfes um die Selbsterhaltung ist ein vom Menschen gemachter Gott. Es war der Mensch, der das Bildnis Gottes, das jetzt in der Welt herrscht, schuf — der Mensch, der irgendeine Macht sucht, die „Ich" retten könnte und die Einwirkungen der bösen Macht der Welt überwindet.

Jahrtausendelang hat die Menschheit gebetet, daß dieser vom Menschen geschaffene Gott Kriege, Epidemien, Infektionen, Ansteckungen, Dürre, Armut, Seestürme und

Landplagen beenden möge; diese Art Gott jedoch ist gewissermaßen dasselbe wie ein „goldenes Kalb", was wir ja daher wissen, daß die Anbetung dieses Gottes nichts genützt hat. Da dieser vom Menschen geschaffene Gott nicht in der erwarteten Weise wirkte, verfiel der Mensch darauf, Ihm Opfer zu bringen und den Zehnten zu geben und Ihn schließlich zu fürchten. Dies alles geschah wohlgemerkt zu dem Zweck, jene menschliche Schöpfung, die im Geist des Menschen aufgebaut war, zu besänftigen, um die persönliche „Ich"-Einstellung zu schützen und zu verewigen.

Wenn man hingegen den Übergang zum geistigen Bewußtsein vollzieht, so erkennt man, daß kein „Ich" mehr vorhanden ist, das beschützt werden müßte. Es gibt gar kein „Ich" mehr, das geheilt, erlöst oder gerettet werden müßte, da gar kein „Ich" vorhanden ist. Es existiert gar kein Selbstgefühl, da nun der Blick frei dafür ist, daß *Ich* Gott bin.

„Ich und der Vater sind eins … Wer mich sieht, der sieht den, der mich gesandt hat." Es gibt nur ein unendliches *Selbst*, ein göttliches *Ich*, ein unendliches *Sein*, und Das bin ich. Ob ich mich nun Joel nenne oder mit Ihrem Namen, ich bin dennoch *Ich*, und in dieser Gewahrwerdung besteht keine Notwendigkeit für einen Gott, den man fürchten oder anbeten oder dem man opfern müßte. Der alleinige Gott, der existiert, ist jenes unendliche *Bewußtsein*, das in Wirklichkeit die Intelligenz, die Substanz und das Gesetz der ganzen Schöpfung ist: des Menschen, des Reiches der Tiere, der Pflanzen und der Gesteine. Es gibt ein einziges, unendliches göttliches *Sein*, das sich als dein und mein individuelles Sein offenbart.

Wenn wir das wahre Wesen Gottes erkennen, leben wir in einer anderen Welt, einer Welt, die vom *Selbst* geschaffen, erhalten und gestützt wird, ohne die Hilfe des menschlichen Geistes oder seines Betens.

Sogar das Wort „Gebet" gewinnt eine neue Bedeutung. Das Gebet wird zu einer Gemeinschaft zwischen Gott, dem *Vater,* und Gott, dem Sohn: Gott, die unendliche *Allgegenwart,* und Gott, das individuelle Selbst. Es ist dies eine innere Gemeinschaft, die nichts sucht, als in der Wahrheit zu weilen, im *Geist* und im Gesetz.

### *Die unzerstörbare Beziehung zwischen Vater und Sohn*

In diesem Reich des *Bewußtseins* haben wir keine Meinungen und Vorstellungen mehr. Wir werden jedoch eine Klarsicht haben, und zwar eine, die sich selbst ankündigt. Ich sage nichts über sie aus, sondern *Ich* tut sie kund. Ich denke sie nicht, sie erklärt sich selbst und sagt: „Dies ist mein lieber Sohn, an dem ich Wohlgefallen habe." Sie sagt: „So verdamme ich dich auch nicht." Sie sagt: „Deine Sünden der Unwissenheit sind dir vergeben" und: „Wisset ihr nicht, daß *Ich,* Gott, immer bei euch bin. *Ich,* Gott, will dich nicht verlassen noch versäumen. *Ich* bin gekommen, daß du das Leben und volle Genüge haben sollst. *Ich* bin das Brot, die Speise, der Wein, das Wasser."

Wenn diese Ankündigung in und durch uns strömt, erkennen wir, daß solche Worte nicht für uns allein gesagt werden. Es ist Gott, der zu seinem geliebten Sohn spricht, dem Sohn, der ich bin, der du bist, der er ist, der sie ist, der es ist. Die *Stimme* spricht nicht zu Juden oder Heiden, nicht zu Amerikanern oder Ausländern, nicht zu Weiß oder Schwarz. Die *Stimme* spricht nicht zu all diesen als solchen. Sie spricht universell zu dem geliebten Sohn, der ich bin und der du bist. So enthüllt sich eine Beziehung zwischen Gott, dem *Vater,* und Gott, dem Sohn, eine universelle göttliche Beziehung, die keinen Anfang und kein Ende hat.

Es gibt keinen Fehler und keine Sünde, die wir als menschliche Wesen begehen können, die uns von der Liebe und dem Leben Gottes zu trennen vermögen. Es gibt keinen Grad von Jugend oder Alter, von Leben oder Tod, der uns von jener *Liebe* und jenem Leben scheiden könnte. Denn nun bin ich, Joel —, ich, Jakob, Robert, Maria, Mathilde — und der *Vater* in dieser Beziehung des Einsseins, unteilbar, unzerstörbar, zeitlos, seit „ehe denn Abraham ward" bis zu der Welt Ende. Die Welt wird uns offenbar, sowie wir uns außerhalb oder über jener persönlichen „Ich"-Einstellung befinden, die der Ansicht ist, sie hätte ein von Gott getrenntes und abgeschiedenes Leben, und die glaubt, Leben und Interessen zu besitzen, die von allen anderen getrennt und geschieden wären.

In der Welt des „natürlichen Menschen" würde ich vielleicht, um mein eigenes Leben zu retten, das Leben von irgend jemandem, den ich z.Z. als Feind betrachtete, nehmen wollen. In jener anderen Welt hingegen, wo wir erkennen, daß *Ich,* der *Vater,* und ich, der Sohn, eins sind, erkennen wir auch, daß *Ich,* der *Vater,* das *Ich* eines jeden Individuums ist. Durch diese Einsicht vermögen wir nicht einmal mehr zu wünschen, daß jemand anders vernichtet würde. Denn wir erkennen, daß dazu gar keine Notwendigkeit besteht, da das *Ich,* das ich bin, unzerstörbar ist. Das *Ich,* das ich bin, ist so unzerstörbar wie Gott; deshalb bestünde nicht einmal das Verlangen, sich selbst zu retten, denn mein *Ich* und das *Ich* Gottes sind eins, nicht zwei — nur eins. Da er dieses Prinzip kannte, konnte der Meister sagen: „Niemand hat größere Liebe denn die, daß er sein Leben läßt für seine Freunde." Wobei wir nicht vergessen wollen, daß die Freunde auch Bruder und Schwester sind und auch die Feinde.

Feindschaft kann nur dort existieren, wo es eine persönliche „Ich"-Einstellung gibt, und diese wiederum findet sich nur, solange wir im Zustand des „natürlichen Menschen" sind — jene „Ich"-Einstellung nämlich, die gute und schlechte Mächte sieht. In der Welt des höheren Bewußtseins ist *Ich,* Gott, die Substanz jeglicher Form, und so gibt es keine zerstörerische Form.

Die persönliche Einstellung, die auf jener persönlichen „Ich"-Einstellung beruht und sich allein der fünf Sinne und des menschlichen Geistes bedient und nur nach den Erscheinungsformen urteilt, weiß von Gut und Böse. Durch die geistige Fähigkeit der Unterscheidung, durch die wir als *Ich* sehen — *Ich,* der Vater, der als *Ich,* der Sohn, sieht — gibt es nur *eine* Welt, *ein* Universum, *ein Bewußtsein,* das als individuelles Du und Ich erscheint und sich offenbart.

In jener Welt des „natürlichen Menschen" erlebt man die sogenannte Fülle und die sogenannte Not. Beides hängt allein mit dem Glauben an ein persönliches Selbst, „Ich", zusammen: ich habe oder ich habe nicht. Sowie wir aber über jene persönliche „Ich"-Einstellung hinausgelangt sind, entdecken wir, daß die Erde des Herrn ist und was darinnen ist. Dieses Wort schaltet „meine" Not und „meine" Fülle völlig aus, da ich weder habe noch nicht habe; „die Erde ist des Herrn und was darinnen ist". Wenn wir sowohl unser Wohlergehen wie unsere Not aufgegeben haben, dann sagt der *Vater* zu dem Sohn: „Mein Sohn, alles was mein" — des *Vaters* — „ist, das ist dein."* Es gibt keine Fülle und keinen Mangel mehr; es gibt allein Allheit, Unendlichkeit, Vollkommenheit.

Genauso ist es auch mit unserem Lieben und Hassen, unserer Zuneigung und Ablehnung. In dem Augenblick, da die persönliche Einstellung überwunden ist, lieben und hassen wir nicht mehr, kennen wir keine Bevorzugung oder Abneigung mehr; denn die Weisheit und die Liebe des *Vaters,* die als der Sohn zum Ausdruck kommen, bewegen sich ungehindert zwischen uns hin und her. So wie es die Liebe des *Vaters* ist, die ungehindert zwischen dem *Vater* und dem Sohn hin- und herströmt, so ist es die Liebe Gottes, die die Menschen durchflutet — nicht meine Liebe, nicht deine Liebe, sondern die Liebe des *Vaters,* die sich als die Liebe des Sohnes offenbart. Deshalb ist es die Liebe Gottes, die zwischen uns einherfließt.

### *Der persönlichen Einstellung absterben*

Die Unendlichkeit der göttlichen Liebe entfernt Haß, Neid, Eifersucht, Vorurteil, Boshaftigkeit und Furcht. Nichts hiervon kann jedoch überwunden werden, solange die persönliche Einstellung besteht. Wir können unmöglich Haß, Abneigung, Mißtrauen, Angst, Feindseligkeiten oder Eifersucht überwinden, solange wir noch eine persönliche Einstellung für uns oder andere einnehmen. Nur indem wir uns in jenes höhere Bewußtsein erheben, ver-

* Vgl. Matth. 4:4; Joh. 10:30; 12:45; Matth. 3:17; Joh. 8:11, 8:58, 15:3; Psalm 21:1; Luk. 15:13.

mögen wir zu erkennen, daß mein *Selbst* auch dein *Selbst* ist, sowie dein *Selbst* mein *Selbst,* und wir in unserer göttlichen Sohnschaft eins sind. Alles, was der *Vater* hat, gehört jedem einzelnen von uns, und dies vernichtet „den Menschen, der den Odem in der Nase hat", jenen Menschen, der schließlich durch ein tägliches Absterben gegenüber der persönlichen Einstellung überwunden werden muß, auf daß wir vom *Geiste* neu geboren werden.

In dieser Erkenntnis vom Wesen des persönlichen Selbst sterben wir gegenüber der persönlichen Einstellung ab und werden jedes Mal wiedergeboren, wenn wir anerkennen können, daß „die Erde des Herrn ist und was darinnen ist." Jedes Mal, wenn wir anerkennen, daß *Ich,* der *Vater,* und ich, der Sohn, eins sind, und in der Lage sind, auf die ganze Menschheit in derselben Weise zu schauen, „sterben" wir gegenüber „dem Menschen, der den Odem in der Nase hat" und werden vom Geiste wiedergeboren.

„Ich will dich nicht verlassen noch versäumen." *Ich,* der *Vater,* werde niemals Ich, den Sohn, verlassen, und solange wir bewußt in dieser engen Gemeinschaft mit unserem göttlichen Selbst verweilen, wird alles, was der *Vater* hat, uns kleiden, speisen, beherbergen, regieren, erhalten und unterhalten.

### *Das Gebet der Anerkennung*

Paulus ermahnt uns, „ohne Unterlaß" zu beten. Die einzige Art und Weise, wie dies geschehen kann, besteht darin, daß das Gebet eine Gemeinschaft ist und wir ganz unabhängig davon, was wir mit unserem Mund oder Körper gerade tun, einen kleinen Teil unseres Bewußt seins der steten Erinnerung widmen: „Ich und der *Vater* sind eins ... Die Erde ist des Herrn und was darinnen ist." Dies vernichtet jedes persönliche Selbstgefühl.

*Ich habe keine Schwierigkeiten zu überwinden, keine Abneigungen, keine Eifersucht. Keine Waffe, die gegen Gott geschmiedet wird, kann Erfolg haben, und so wie ich und der Vater eins sind, kann auch ich wissen, daß keine Waffe, die gegen mich erhoben wird, ihr Ziel erreichen kann. „Die Erde ist des Herrn und was darinnen ist", und der Herr ist jenes* Ich *in meinem Innern, jenes* Ich *, das „meines Angesichts Hilfe", meine Burg, mein fester Turm ist. Ich bedarf keiner äußeren Hilfe, ich brauche nichts Äußeres zu fürchten, solange ich* Ich *in meinem Innern habe, solange ich in dem* Ich *meines Innern weile und das* Ich *bewußt in meinem Innern wohnen lasse.*

*Wohin soll ich fliehen vor* Ich *? Erhöbe ich mich gen Himmel, so bin* Ich *da. Bettete ich mich in die Hölle, so bin* Ich *auch da. Und wanderte ich „durch das finstere Tal", siehe, so bin* Ich *auch da.* Ich *bin gekommen, daß ich das Leben und volle Genüge haben sollte.*

*So weile ich also in dem* Ich *in mir und lasse das* Ich *bewußt in mir wohnen: Ich im Vater und der Vater in mir, eins.*

Dies ist Beten, wirkliches Beten, das nichts sucht, nicht bittet, bettelt oder verlangt. Es ist ein Gebet der Anerkennung der Beziehung zwischen *Ich,* dem Vater, und ich, dem Sohn. Es ist das Gebet der Gemeinschaft, das im *Vater* weilt und den *Vater* in uns weilen läßt. Dann haben wir keine persönlichen Ansichten, denn nun sieht das *Ich,* das wir sind, wahrheitsgetreu; es sieht keine Gegenwart oder Kraft getrennt von Gott, es hört nichts Böses, kennt nichts Böses und erkennt Gott, das göttliche *Bewußtsein,* als das Selbst allen Seins.

Allzuoft war das Beten ein Bemühen, die Gnade Gottes zum Menschen zu holen, und dieser Versuch, die Gabe des *Geistes* „zu dem Menschen" zu holen, „der den Odem in der Nase hat", ist die Ursache dafür, daß das Gebet kein Gehör findet. Wenn das Beten jedoch eine Anerkennung des Wesens Gottes als *Allgegenwart, Allwissenheit* und *Allmacht* ist, „näher als der Atem", dann befinden wir uns, anstatt uns zu bemühen, die Gnade Gottes für eine sterbliche Vorstellung von Menschen zu gewinnen, wirklich im Gebet in der Gewahrwerdung unserer geistigen Identität.

Die Erkenntnis, die Gewahrwerdung oder die Anerkennung unserer geistigen Identität ist Gebet, ein Gebet, das die geistige Gnade Gottes zur individuellen Erfahrung werden läßt. In diesem Gebet *liefern* wir die persönliche Einstellung des Menschseins *aus,* anstatt daß wir die Gnade Gottes für das persönliche Selbstgefühl des Menschen zu gewinnen suchen.

### *Das Absterben der persönlichen Einstellung muß der Auferstehung vorausgehen*

Jegliches Bemühen, dem „natürlichen Menschen" durch geistige Mittel zu dienen, muß versagen. Geistige Haltung bedeutet nicht, daß man versucht, die göttliche Kraft für einen Menschen zu gewinnen oder die unendlichen Reichtümer Gottes einem armen Sterblichen zukommen zu lassen; oder Gott zum Stellenvermittler oder Eheberater zu machen. Es bedeutet wirklich, das persönliche Selbstgefühl aufzugeben und es „absterben" zu lassen, anstatt Gottes Gnade zu ihm holen zu wollen; es bedeutet, daß der Menschensohn „sterben" muß, so daß der Gottessohn an seiner Stelle auferstehen kann, und daß aus diesem „Tod" eine Auferstehung hervorgehen kann. Dann haben wir keine materielle Gesundheit und keinen materiellen Wohlstand mehr; stattdessen aber die Gnade des *Geistes;* dann entdecken wir, daß es buchstäblich wahr ist, daß die Gnade Gottes unsere Genüge ist.

*Deine Gnade ist mein Brot, meine Speise, mein Wein und mein Wasser, meine Kleidung, meine Wohnung und meine Kameradschaft. Deine Gnade erfüllt mich. Deine Gnade ist das unsichtbare Gewand, das mich für den „Geist des Fleisches", den Glauben der Welt oder den Geist des Menschen unsichtbar macht.*

Wir verkürzen die Zeit bis zu dem Tag des Todes unserer persönlichen Einstellung und der Auferstehung zu unserer göttlichen Sohnschaft, wenn wir bewußt daran denken, nicht nach der Erscheinungsform zu urteilen, uns nicht danach zu richten, was wir sehen, hören, schmecken, berühren und riechen, sondern stille zu sein und jene innere Weisheit uns das offenbaren zu lassen, was wir vor uns haben. In diesem Augenblick der Stille, wenn alles Urteilen aufhört, sagt die innere Weisheit: „Dies ist Mein geliebtes Kind, an dem *Ich* Wohlgefallen habe. Dies ist dein Bruder, deine Schwester. Es ist dein *Selbst* in einer anderen Form."

## *„Die Erde ist des Herrn"*

Sowie uns das Urteilen in den Sinn kommt, wollen wir uns an das Wort *Ich* erinnern und darüber lächeln, daß wir der persönlichen „Ich"-Einstellung im Augenblick erlaubten, einzutreten. Während wir so einen Augenblick innehalten, übernimmt das wahre *Ich,* das wir sind, die

Führung und offenbart die Wahrheit. Das geschieht auf so viele verschiedene Weisen. Wenn wir uns vor Bazillen, Ansteckung, Infektion, Stürmen, Fluten oder Bomben gefürchtet haben, dann offenbart die Weisheit, daß „die Erde des Herrn ist und was darinnen ist" — was haben wir also zu fürchten? Liegt irgendein Übel in der Erde? „Die Erde ist des Herrn und was darinnen ist." In diesem Gewahrwerden entspannen wir uns unwillkürlich und fürchten die Erscheinungsform nicht mehr.

Die Vergegenwärtigung jener einen Wahrheit, daß „die Erde des Herrn ist und was darinnen ist", hat eine große heilerische Wirkung und trägt zur Entwicklung des Heilungsbewußtseins bei. Furcht, Ablehnung und Ärger verschwinden, und wir beginnen, die Welt, wie Gott sie erschaffen hat, zu erblicken. Wenn wir darin fortschreiten, werden wir verstehen, daß das Lamm beim Löwen liegen wird. Wir werden begreifen, warum Krankheiten geheilt und Feinde in Freunde verwandelt werden können.

„Die Erde ist des Herrn und was darinnen ist", mit allem, was sie enthält. Sieh' nun, wie wunderbar die Erde ist! Allein, wenn wir mit geistiger Erkenntnis zu sehen und zu hören vermögen, können wir Schönheit und Harmonie in unserem Familienleben entdecken, in dem Leben unserer Gemeinde, in unserem nationalen und internationalen Leben. „Dies ist mein geliebter Sohn": weiß oder schwarz, unwissend oder weise. Solche Unterscheidungen sind nur Unterschiede, die aus der Unwissenheit des Glaubens an ein Selbst, ein Ich, abseits von Gott, stammen.

Wer nicht zu diesem Wandel des Bewußtseins bereit ist, hört diese Worte vielleicht oder liest sie, aber es wird sich nichts ereignen. Wer aber bereit ist, nimmt diese

*Botschaft* an, lebt mit ihr und wendet sie an, bis die Fähigkeit, diese Welt der Menschen, Dinge und Zustände zu sehen, ohne daß das Wort „Ich" sofort seine Urteile formuliert, vollkommen entwickelt ist. Stattdessen werden wir zu dieser persönlichen „Ich"-Einstellung sagen: „Sei ruhig! 'Seid stille und wisset, daß ich Gott bin'," und dann auf das Urteil Gottes, das sich im Innern äußert, lauschen und dadurch dieses Weltall erblicken, wie es als ein Bild Gottes ist.

Durch geistige Erkenntnis vermögen wir zu sehen, wie wir gesehen werden wollen; wir vermögen zu erkennen, wie wir erkannt werden wollen. Dann können wir auch verstehen, warum der *Meister* zu sagen vermochte: „Vater, vergib ihnen, denn sie wissen nicht, was sie tun,"* und wir sehen ein, daß sie von der persönlichen „Ich"-Einstellung beherrscht waren: der Selbsterhaltung und dem Verlangen nach Selbstverherrlichung.

Wir selbst bestimmen unser Schicksal danach, ob wir in unserer persönlichen Einstellung leben oder geistige Erkenntnis entwickeln. Die Welt des „natürlichen Menschen" ist die Welt des menschlichen Urteilens, die sich auf der Erscheinungsform aufbaut und dem eingeschränkten Geist. Die andere Welt ist die Welt, die uns offenbart wird, wenn wir uns keine Urteile mehr bilden.

Wir leben ständig zwischen zwei Welten, die Welt der Erscheinungsformen und die Welt geistiger Erkenntnis und Gewahrwerdung. Wenn wir uns stetig über die Ebene des „Menschen, der den Odem in der Nase hat", erheben, werden wir schließlich die Fülle der göttlichen Herr-

* Vgl. Jes. 2:22; Hebr. 13:5; I. Thess. 5:17; Psalm 23:4, 46:10; Luk. 23:34.

lichkeit erlangen. Bis dahin aber müssen wir durch Hingabe und Überantwortung im inneren Gebet verharren, in der inneren Gemeinschaft, bis immer mehr von der geistigen *Gnade,* immer mehr vom geistigen *Gewand,* auf uns herabkommt und uns ganz umfängt.

*7. Kapitel*

## Das Bewußtsein der Allgegenwart

Wenn wir in unserer geistigen Entwicklung etwas fortgeschritten sind, dann sehen wir ein, wie unmöglich es ist, einen Gott zu verehren, wie er in den vergangenen 4000 Jahren verehrt wurde — der Gott der Hebräer, der Gott der Christen, der Gott der Buddhisten. Durch Gebete zu diesem Gott wurden die Kriege nicht ausgelöscht, noch der Friede in die Welt gebracht. Und weiterhin — was im letzten halben Jahrhundert an langem Leben aufzuzeigen war, muß den erweiterten Kenntnissen in der Medizin zugeschrieben werden, welche sich aufgrund ihrer Forschung größere Einsichten in Bezug auf Ernährung und Hygiene erworben hat.

Für jeden denkenden Menschen müßte es klar sein, daß die ganze Welt von ihren falschen Vorstellungen über Gott so irregeführt ist, daß heutzutage zahlreiche Priester und Pfarrer freimütig zugeben, daß der Menschheit ein neues Bild von Gott gegeben werden müsse. Und zwar, weil das bisherige Bild nicht Gott war, sondern lediglich ein Bild von Gott und noch dazu ein falsches.

Nachdem wir nun jahrhundertelang ein falsches Gottesbild verehrt und angebetet haben, ist es jedoch nicht leicht, in einen Bewußtseinszustand zu kommen, wo wir das zugeben und uns dann fragen: „Was ist Gott?“ Die Frage ist: „*Was* ist Gott, nicht *wer;* denn wenn man von Gott als „*Wer*“ denken wollte, so hätte man ein falsches Bild durch ein anderes ersetzt.

Stellen wir uns einen Augenblick lang *Allgegenwart* vor: eine *Gegenwart,* welche den ganzen Raum einnimmt, eine *Gegenwart* dort, wo wir sind, ob wir uns nun in den Himmel betten oder in die Hölle, oder ob wir „durch das finstere Tal“ wandeln. Was ist diese Gegenwart Gottes, die mit uns im Himmel oder in der Hölle ist, oder im Tod? Was ist diese *Allgegenwart,* die gleichzeitig alle Macht und alle Weisheit ist? Was ist *Sie?* Diese *Gegenwart,* die immer bei uns ist, deren Wohlgefallen es ist, uns das Reich zu schenken, diese *Gegenwart,* die weiß, was uns mangelt, sogar ehe wir selbst es wissen? Das, was uns vorangeht, um uns den Weg zu ebnen und uns Wohnungen bereitet? Was ist *Es?*

### *Die Bereitschaft, jede Vorstellung objektiv zu betrachten*

Wenn wir uns immer und immer wieder mit diesen Fragen beschäftigen, ohne Angst, daß es irgendeinen Gott gibt, der uns für solches Fragen strafen würde —, wenn wir uns des Glaubens an das, was niemals diesen Glauben rechtfertigte, entledigen, so sehen wir, daß jene *Gegenwart* all diese Dinge nicht bewirkt hat, da Sie nicht richtig erkannt wurde und man nicht wußte, wie Sie wirkt und wie das Gebet beschaffen sein mußte, das uns mit Ihr vereint.

Wenn wir nicht den Mut haben, uns einzugestehen, daß dasjenige, was uns in den letzten viertausend Jahren dargeboten wurde, unsere Fragen nicht beantwortet und unsere Probleme nicht gelöst hat, werden wir niemals für den nächsten Schritt bereit sein. Wir müssen das Gefäß mit all' den falschen Vorstellungen und Glaubensansichten und Bildern ausleeren, auf daß wir mit Wahrheit neu gefüllt werden können.

Selbstverständlich hat es zu allen Zeiten einige Wenige und einige Wenige unter deren Anhängern gegeben, die die *Allgegenwart* erkannt, begriffen und tatsächlich verwirklicht haben. Hat aber die Welt irgendwo von einer göttlichen *Gegenwart,* einer unendlichen Macht des Guten, einer Kraft des ewigen Lebens, der Gesundheit, Ganzheit, Harmonie und Fülle und des Friedens gezeugt?

Die unvermeidlich negative Antwort auf diese Frage dürfte ein harter Stoß für unseren Glauben sein. Wir wollen jedoch nicht, nur weil die falschen Götter dieser Welt die Welt im Stich ließen oder die Menschen dieser Welt den einen Gott verließen, den Fehler machen und wie die Atheisten glauben, es gäbe keinen Gott. Lieber wollen wir uns eingestehen, daß wir nicht genügend gesucht, stattdessen aber ohne zu fragen die Vorstellungen, Meinungen und Theorien, die uns überkommen waren, geglaubt haben.

Wenn die Freiheit überhaupt eine Bedeutung hat, so muß die lebenswichtigste Bedeutung die Freiheit zu denken, zu suchen, zu fragen und das zu entdecken, was jenseits des Horizonts anerkannten Wissens liegt, sein, bis wir an dem Ziel, das wir suchen, anlangen, einem Ziel, das harmonisches Leben, erfülltes und ewiges Leben heißt.

Warum sollten wir leugnen, daß dies individuell unser Ziel ist? Warum nicht ehrlich sein und zugeben, daß wir in dem jetzigen Zustand unserer Suche nach der geistigen

Weisheit nur ein Ziel haben, und zwar das ewige Leben zu finden, d.h. *Das* zu finden, was Frieden auf Erden für alle Menschen aller Zeiten gewährleistet, und zwar so, daß der Friede nie wieder „vom Menschen, der Odem in der Nase hat"*, abhängig ist? Warum nicht zustimmen, daß unsere große Hoffnung darin liegt, daß *Das*, was uns befreit, sich auch als *Das* erweisen wird, was letzten Endes die ganze Welt umfaßt und sie befreit?

War es nicht immer so, daß ein einzelner eine Wahrheit besaß und durch ihn die Welt sie wahrnimmt — sei es nun eine geistige Wahrheit, eine Erfindung oder eine wissenschaftliche Entdeckung? Stets war es ein Einzelwesen, das die Entdeckung machte, und von da aus verbreitete sie sich rasch zum Segen der ganzen Menschheit. Wenn ein Mensch die geistige Freiheit erlangt, so erlangt er sie für die ganze Welt, selbst wenn es ein Jahrhundert dauern sollte, bis die Fülle und Erfüllung dieser Freiheit auf Erden verwirklicht wird. Deshalb sollte jeder, der sich durch die Gnade Gottes dem geistigen Pfad zugewandt hat, so lange suchen und forschen, bis er am Ziel ist; denn wenn auch nur einer dies fertigbringt, so bringt er damit doch die Befreiung der ganzen Welt in Gang.

### *Freiheit durch bewußtes Einssein mit unserem Ursprung*

Wenn jemand durch irgendeine Beschränkung gebunden ist und sich an einen Heiler um Hilfe wendet, so besteht seine Hilfe darin, daß der Heiler erkennt, daß Gott das individuelle Bewußtsein eines jeden ausmacht. Dies

* Vgl. Psalm 23:4; Jes. 2:22.

befreit den Menschen von dem allgemeinen Glauben, daß er ein Mensch ist, „der Odem in der Nase hat", daß er in Sünden empfangen und in Ungerechtigkeit aufgezogen wurde. Es befreit ihn von dem Glauben, daß er ein sterblicher Mensch mit einem sterblichen Körper sei. Allein die *Gewahrwerdung* auf seiten des Heilers, daß Gott das individuelle Bewußtsein ausmacht, die Seele und den Geist des Einzelwesens, und daß selbst der Leib der Tempel des lebendigen Gottes ist, schenkt dem Menschen die Freiheit.

Da dies nun nachweislich wahr ist — wird uns da nicht klar, daß ein einzelner Mensch oder zwei oder mehr, die sich versammelt haben, oder zehn Gerechte — nur zehn —, die wissen, daß Gott das Bewußtsein des Einzelmenschen ist, die ganze Welt befreien können? Die einzige Sklaverei, die es gibt, die einzige Knechtschaft, ist der Glaube, wir seien unwichtige sterbliche Menschen.

Die Freiheit hat Ursprung und Grundlage tatsächlich in unserem Verhältnis zur Gottheit. Die Freiheit erscheint dadurch, daß wir bewußt unser Einssein mit unserem *Ursprung* aufrichten und unser Leben diesem unendlichen *Ursprung* hingeben. Hinter unserem Weltall steht ein geistiger Plan, und dieser Plan schließt unsere Freiheit in sich ein.

Es gibt keine andere Freiheit auf Erden als die, welche wir durch bewußtes Einssein mit unserem Urquell erlangen. Zwar können uns die Ärzte durch ihre medizinische Wissenschaft und ihre Fähigkeiten gesund machen. Ein Friedensvertrag kann unterschrieben werden, und es kann einen zeitweiligen Frieden auf Erden geben, aber es kommt doch wieder Krieg. Edle Menschen werden geboren — einige wenige zur gegebenen Zeit —, und ihnen verdankt ihre Generation politische, wirtschaftliche und religiöse Freiheit; niemand aber kann uns menschlicherweise unsere Freiheit schenken, abgesehen von einer vorübergehenden.

Die Freiheit kommt mit der Erkenntnis, daß Gott *Bewußtsein* ist, daß das *Bewußtsein Allgegenwart* ist und daß dieses *Bewußtsein* das Bewußtsein des Individuums ist. Glauben wir nur ja nicht, daß wir frei werden können, solange wir glauben, daß Gott im Himmel weilt oder auf einem heiligen Berg oder in einem heiligen Tempel — oder in einem heiligen Menschen, d.h. daß Er irgendwo sein könnte als allein allgegenwärtig, als das Bewußtsein des Einzelmenschen. Frei werden wir, wenn wir unser wahres Wesen erkennen.

*Ich und der Vater sind eins. Wenn ich dieses Einssein bewußt erkenne, bin ich frei, frei von der Herrschaft des Menschen, frei von der Beherrschung durch Sünde und sündige Begierden, frei von der Sünde der Beschränkung. In meinem bewußten Einssein mit Gott höre ich: „Mein Sohn, du bist allezeit bei mir, und alles, was mein ist, das ist dein"* — alles, was Ich habe, Ich.*

Ein einziger Mensch, der das Geheimnis der *Allgegenwart* entdeckt, vermag die Welt von ihrer Bindung an den Materialismus zu befreien. Was aber ist diese *Allgegenwart,* die dort ist, wo wir sind, die wir nicht sehen, hören, schmecken, berühren oder riechen können? Was ist *Es,* das dort ist, wo wir sind, ob es uns nun gut geht oder wir uns im Augenblick in einer Hölle von Sünde, begehrlichem Verlangen, Krankheit, Alter oder sogar Tod be-

* Luk. 15:31.

finden? Was ist *Es*, das uns frei machen kann und dadurch die ganze Menschheit von der Sklaverei der Knechtschaft unter die fünf Sinne und die Beschränkungen des menschlichen Geistes befreit?

### *Das Bewußtsein ist Ursprung und Substanz des Lebens*

Ich fragte einst einen Mediziner: „Was ermöglicht es uns, aufrecht auf unseren Beinen zu stehen?" Seine Antwort lautete: „Unsere Muskeln."

„Was wird denn aus unseren Muskeln, wenn wir ohnmächtig werden, wenn wir bewußtlos werden, wenn wir sterben? Verliert der Körper seine Muskeln dann?"

„Nein, er behält seine Muskeln."

„Warum können wir dann nicht aufrecht stehen? Wir haben die gleichen Muskeln, wenn wir einschlafen, wenn wir bewußtlos sind."

Die Theorie, daß Muskeln uns die Fähigkeit geben, aufrecht zu stehen, ist eine befriedigende Antwort für jene, die einer rein materialistischen Anschauung des Universums huldigen, denn von einem materiellen Standpunkt aus stehen wir allerdings mit Hilfe unserer Muskeln. Je fester und je härter unsere Muskeln sind, desto länger vermögen wir zu stehen; wenn wir aber einmal mit jenem höheren Bewußtseinsbereich in Berührung gekommen sind, dann entdecken wir, daß es nicht die Muskeln sind, die uns aufrecht halten: es ist das Bewußtsein. Bewußtsein befähigt uns, aufrecht zu stehen, indem wir die Muskeln als Werkzeuge benutzen.

Genauso verhält es sich auch damit, daß es nichts in der Kehle oder im Mund gibt, was sprechen kann. Ein

Mensch kann alles haben, was darin enthalten ist, und vermag doch nicht zu sprechen, weil die Muskeln des Mundes, der Kehle und Lippen nicht sprechen können. Es ist das Bewußtsein, das diese Instrumente benutzt und sie funktionieren läßt.

Das *Bewußtsein* ist der schöpferische Ursprung, die Gegenwart, Kraft, Ursache und das Gesetz, und allein, wenn wir die Bedeutung von „Bewußtsein" begreifen, besitzen wir das ganze Geheimnis des Lebens. Wir können nicht einmal gesund sein, ohne ein Bewußtsein der Gesundheit zu haben. Aus diesem Grunde besteht unsere Arbeit auf dem *Weg zur Verwirklichung* nicht darin, einem Menschen Gesundheit zu verschaffen, sondern ihm vielmehr das Bewußtsein der Gesundheit zu verschaffen. Es gibt keine Möglichkeit, irgend jemandem ständige oder immerwährende Versorgung zu verschaffen, da ganz unabhängig davon, wieviel Geld jemand bekommt, Geld nicht Versorgung ist. Selbst die größten Vorräte haben es an sich, zusammenzuschrumpfen. Wenn wir aber einem Menschen ein Bewußtsein der Versorgung vermitteln können, wird er nie wieder Not leiden. Wer das Bewußtsein der Gesundheit erlangt, ist gesund. Wer das Bewußtsein der Versorgung erlangt, ist versorgt.

Diejenigen, die ein Bewußtsein der Musik besitzen, hören gerne Musik und können womöglich auch komponieren. Wer ein künstlerisches Bewußtsein hat, hat Sinn für Kunst und wird vielleicht ein ausübender Künstler. Wir können einen Körper haben, der genau so ist wie der eines Konzertpianisten, eines Geigers oder sonstigen Musikers; wir können dieselben geistigen Fähigkeiten aufweisen und dennoch niemals Konzertmusiker sein — jedenfalls bestimmt nicht, solange wir nicht das musikalische Bewußtsein in einem solchen Maße erlangen, daß wir zum Meister werden.

Jeder kann Autofahren lernen, aber damit ist er noch kein guter Fahrer, was dadurch bewiesen ist, daß jedes Jahr mehr Menschen durch Autos umkommen als durch Kriege. Nicht jeder, der die Gänge schalten kann, seinen Fuß auf das Gaspedal setzen, anfahren, halten und parken kann, ist ein guter Fahrer. Ein guter Fahrer ist jemand, der ein Bewußtsein besitzt, das seinen Geist, seine Gedanken und die Reflexbewegungen seines Körpers regiert, welche notwendig zum Fahren sind. Ohne dieses Bewußtsein ist jeder angebliche Fahrer die mögliche Ursache für das, was heutzutage auf unseren Landstraßen passiert.

Wenn wir die Anzahl der Bankrotte, die jedes Jahr geschehen, zusammenrechnen, dann wissen wir, wie leicht es ist, ein Geschäft zu eröffnen und wie schwer, sich darin zu behaupten. Es bedarf mehr als einer Summe Geldes, um ein Geschäftsmann zu sein, es bedarf des Bewußtseins.

Die höchste Form des *Bewußtseins,* des reinen *Bewußtseins,* ist der *Geist.* Wenn wir das *Bewußtsein* begreifen, so werden wir auch das Wesen der *Allgegenwart* erfassen, da es das *Bewußtsein* ist, welches die *Allgegenwart* ist. Ohne *Bewußtsein* haben wir nur die fünf Sinne und eine menschliche Urteilskraft, die sich auf Erfahrung gründet. Mit dem *Bewußtsein* jedoch haben wir Zugang zu der Weisheit, Kraft, Macht und Führung Gottes. Wir haben Zugang zum Unendlichen, dem Ewigen, Unsterblichen.

*Das Gebet wird zur Hingabe der persönlichen Einstellung an den göttlichen Willen*

Wenn wir das Wesen des Bewußtseins in etwa erkennen, so gewinnen wir auch Einsicht in das Wesen des Gebets. In unserer Sinnenwelt gibt es eine Person, die „Ich" heißt, z.B. Ich, Joel. Ich, Joel, möchte vielleicht etwas tun oder haben. Wenn ich nicht religiös im orthodoxen Sinn des Wortes bin, so versuche ich es durch eigene Anstrengung zu tun oder zu erlangen. Ich denke, plane, hoffe, spare, und irgendwann bringe ich es zu etwas, meist jedoch nicht die Fülle dessen, was ich mir vorgestellt hatte — oder falls doch, so muß ich vielleicht feststellen, daß es mich gar nicht befriedigt oder sogar enttäuscht.

Wenn ich religiös bin im orthodoxen Sinne, dann bete ich zu Gott um Hilfe. Ich erwarte, daß es einen Gott gibt, der mir hilft, meinen Willen auszuführen, so wie ich es haben möchte. Natürlich bedenke ich nicht, ob das, was ich mir wünsche oder haben möchte, letzten Endes zu meinem Besten ist, ob es meine Familie glücklicher macht, die Welt verbessert oder sogar, ob es nicht vielleicht irgendwie jemandem in der Welt schadet. In vielen Fällen bedeutet Geschäftserfolg einen Schaden für jemand anders. Sorglos bete ich zu diesem falschen Gottesbild, daß es mir wohlgehen möge oder daß es meinem Volk wohlgehen möge, wenn gerade Krieg ist oder es sich auf ein zweifelhaftes wirtschaftliches Unterfangen eingelassen hat.

Mit dem ersten Schimmer der Bedeutung von *Allgegenwart* dämmert uns in unseren Gedanken die Wahrheit, daß diese *Allgegenwart* — was *Sie* auch immer sei — das

Weltall geschaffen hat. Es gibt da ein gewisses Verhältnis zwischen Wasser und Land, und dies wahrscheinlich nicht ohne Grund. Fixsterne und Planeten bewegen sich in festen Bahnen, und da sich das seit der Zeit, da es bekannt wurde, so verhalten hat, wird auch das seinen Grund haben. Mit anderen Worten, die *Allgegenwart,* die dieses Weltall bildete, muß gleichzeitig göttliche *Intelligenz* sein, unendliche *Intelligenz.*

Wenn wir den menschlichen Körper betrachten, so bezeugt er uns das Wirken dieser *Intelligenz.* Kein Mensch schuf den Plan für einen Leib mit seinen Organen — Herz, Leber, Lunge, Gehirn — mit seinem Blut und seinen Nerven. Kein Mensch hat sich das ausgedacht. Kein Mensch hat das auf einem Reißbrett entworfen. Es muß eine *Intelligenz* geben, die diesen Leib des Menschen schuf. Dasjenige, was schöpferische Kraft, Substanz, Intelligenz und Gesetz ist, arbeitet mit der Präzision eines unerbittlichen Planes.

Das Gebet, was in der materiellen Einstellung Gott um Hilfe für unsere Vorhaben zur Ausführung unseres Willens ersuchen würde, wird nun zur Gemeinschaft:

*„Nicht mein, sondern dein Wille geschehe." Du vollführst, was mir zu tun gegeben wird. Ich kann deshalb nicht Deine Hilfe für meine Vorhaben erbitten, aber ich kann Deine Hilfe suchen, daß Dein Weg in mir und durch mich verwirklicht werde.*

Dies ist das Gebet der Übereinstimmung, das Gebet des Eins-Seins. Wir können nicht darum beten, mit Gott eins zu werden, denn jetzt, immer und ewig sind „Ich und der Vater eins". Es war dies der göttliche Plan im Anfang, und diese Einheit ist bereits gegründet, aber — wieder kommt das Wort „Bewußtsein" — ehe wir nicht *bewußt* eins sind, wirkt sich das Verhältnis des Einsseins nicht für uns aus. Bewußt eins zu werden, bedeutet den eigenen Willen hinzugeben:

*Laß mich das Werkzeug für Deinen Willen, für Deine Zwecke sein.*

### *Die materielle Einstellung ist die Vorstellung des Getrenntseins vom Bewußtsein*

Soviel wir wissen, können die Sonne, der Mond und die Sterne nicht denken und wohl deshalb sind sie stets unter der göttlichen Herrschaft. Wir hingegen denken uns in eine Vorstellung des Getrenntseins hinein. Achten wir auf das Wort „Vorstellung". Wir sind niemals wirklich von Gott getrennt, weder im Leben noch im Tod; wir sind nie von Gott getrennt in Reinheit oder Sünde, in Weisheit oder Unwissenheit. Jedoch haben wir dadurch, daß wir uns Gedanken machen, ein *Gefühl* und eine *Vorstellung* der Trennung von Gott aufgebaut, die genauso wirken, als bestünde eine wirkliche Trennung.

Alles, was die materielle Einstellung ausmacht, ist das Gefühl des Getrenntseins vom *Geist,* vom *Bewußtsein.* Geistige Gewahrwerdung hingegen ist das „Leben, Weben und unser Sein haben" in dem Bewußtsein unseres Einsseins mit dem Vater, hier, wo wir sind, und das Geschehen Seines Willens in uns und durch uns. Seine Gnade ist unsere Genüge — nicht unsere Pläne, unser persönliches Streben und Hoffen. Wenn wir sagen, daß Seine Gnade unsere Genüge ist, um uns zur Ausführung unseres Vorhabens zu verhelfen, so begehen wir Gotteslästerung. Seine Gnade ist unsere Genüge nur solange wir gewillt sind, das Anliegen des *Vaters* zu erfüllen.

*Du, der Vater in mir, führst aus, was Du mir zu tun gibst. Du führst nicht meinen Willen aus; Du führst aus, was Du mir zu tun gibst. Laß mich Deinen Willen erfahren, daß ich in ihm wandle, auf daß „ich lebe; doch nun nicht ich, sondern Christus lebt in mir."*

### *Bewußtes Einssein beseitigt die Furcht*

Könnte irgend jemand unsterbliches Leben besitzen, wenn jeder ein eigenes Leben für sich besäße? Nein, dann würde das Leben mit dem Grab zu Ende sein. Das Leben begann vor der Empfängnis, vor der Geburt, und es wird nach dem Grabe weitergehen bis in Ewigkeit. „Ich will dich nicht verlassen noch versäumen ... Siehe, ich bin bei euch alle Tage bis an der Welt Ende."* So etwas wie ein Ende der geistigen Welt gibt es nicht; denn solange es *Bewußtsein* gibt, wird das *Bewußtsein* sich Ausdruck verschaffen. So etwas wie ein *Bewußtsein* ohne Ausdruck existiert nicht. Das bedeutete Bewußtlosigkeit. Solange es deshalb *Bewußtsein* gibt, wird Es Sich selbst Ausdruck verleihen als die Welt und als menschliche Wesen; aber Es wird stets dieses unendliche göttliche Bewußtsein sein, was Sich individuell zum Ausdruck bringt.

Auch hier stehen wir wieder den zwei Welten gegenüber; der Welt, in der wir sind, wenn wir in der Welt der

* Vgl. Luk. 22:42; Joh. 10:30; Gal. 2:20; Hebr. 13:5; Matth. 28:20.

materiellen Vorstellung leben, und der Welt, in der wir uns befinden, wenn wir uns über unsere Gedanken in die Sphäre des reinen *Bewußtseins* erheben und leben, indem wir uns auf das *Unendliche* abstimmen, wie auch durch die Inspirationen des *Unendlichen* im Individuum. Dann leben wir ein geistiges Leben, und weder Leben noch Tod können uns von ihm scheiden.

Alle, die im Materiellen leben, kennen die Angst. So etwas wie Helden in dem Sinne von Menschen, die keine Angst kennen, gibt es nicht. Es gibt Helden, die große Taten vollbringen trotz ihrer Angst.

Es ist die Angst, in der das sogenannte Gesetz der Selbsterhaltung verwurzelt ist. Angst ist zweifellos die Haupttriebfeder eines Lebens in den fünf Sinnen. Wir fürchten den Tod; wir fürchten uns vor Unfällen; wir fürchten den Krieg, die Armut, die Krankheit, die Folgen der Sünde; wir fürchten zweifellos den Kalender, der die Jahre anzeigt. Furcht und Angst überall. Die Befreiung von dieser alles verschlingenden Angst kann allein durch das Gebet kommen, welches das Einssein anerkennt.

Solange wir bewußt mit dem *Vater* eins sind und aufnahmebereit für den geistigen *Impuls* leben, haben wir nichts zu fürchten. Gleichgültig, was uns als Menschen im irdischen Leben geschehen oder zustoßen mag — wir fürchten uns nicht, weil wir in der *Allgegenwart* leben, indem wir wissen, daß wir keinen Willen für uns selbst haben und deshalb die Unendlichkeit ohne Zweifel Ihren Willen durch uns ausübt.

Es gibt wirklich zwei Welten, aber eine von ihnen verschwindet in dem Maße, wie wir das Bewußtsein für die andere gewinnen. Wie wir täglich gegenüber „dem Menschen, der Odem in der Nase hat“, „absterben“, werden wir wiedergeboren als der Sohn Gottes. Hier aber müssen wir bedenken — und zwar oft und ganz bewußt — daß es in Wirklichkeit *nicht* zwei Welten gibt. Es gibt nur eine: die Welt des *Bewußtseins* oder des *Geistes*. Aber es gibt eine falsche Vorstellung von der Welt, die wir uns machen, und diese falsche Vorstellung bildet die andere Welt, die Welt der materiellen Sinne.

Es ist die materielle Einstellung, die uns den Glauben unterschiebt, wir seien ein Körper aus Fleisch und Knochen. Durch geistige Gewahrwerdung jedoch kommt uns die Überzeugung: „Dieser Körper bin ich nicht; dieser Körper ist eine Handvoll Wasser und Salz und Mineralien. Ich bin nicht in diesem Körper, indessen gibt es ein *Ich* jenseits und getrennt von meinem Körper, den Besitzer meines Körpers, und deshalb ist der Körper an und für sich nichts. Ich bin sein Gesetz."

Zuweilen kann es sein, daß wir fallen und uns verletzen, wenn wir aber schnell aufspringen können in unser *Ich*, so reagiert der Körper darauf, da *Ich* unsichtbar ist und der Körper nur die Form. Wenn wir aufspringen in unser *Ich*, dann ernten wir auf geistige Weise. Wenn wir aber auf das Fleisch säen, auf den Glauben, daß die Intelligenz im Fleisch ist, müssen wir die Schrammen, Verbrennungen, Schmerzen erleiden. Wenn wir glauben, daß in unserem Körper — in dem Wasser und Salz und den Mineralien — Leben und Intelligenz sei, dann werden wir ernten, was wir gesät haben, nämlich den Glauben an die materielle Einstellung.

### *Die Erhebung in den uneingeschränkten Bereich des Bewußtseins*

Die Wissenschaft sagt, daß die Substanz der Materie der Geist sei. Dieser Geist ist jedoch immer noch die Welt der fünf Sinne, und nur, wenn wir über diesen menschlichen Geist hinauskommen, sind wir in der wirklichen Welt. Solange wir im Bereich des menschlichen Geistes sind, können wir einen guten oder einen schlechten Körper haben, einen gesunden oder kranken, da Geist und Leib eins sind. Wir können gute oder schlechte, materielle oder geistige, wahre oder irrtümliche Gedanken haben.

Wir bringen keine Vollendung hervor, wenn wir uns nicht über den Geist des Guten oder Bösen erheben und uns in den Bereich des *Bewußtseins* begeben, wo wir Einssein finden. Warum? Weil der göttliche *Geist* unsichtbares *Bewußtsein* ist und keine Eigenschaften besitzt. *Geist* ist *Geist.* Er *ist* nur. H2O ist weder gut noch schlecht, es *ist* nur. Negative und positive Elektrizität ist weder gut noch schlecht, sie *ist* nur. Allein wie wir dies alles gebrauchen, entscheidet über gut oder schlecht.

Die Welt der materiellen Vorstellung mit ihrem Gut und Böse muß abgetan werden. Wir müssen jedoch wissen, daß kein Studieren und keine Unterweisungen sie abtun werden. Das einzige, was sie wirklich zum Verschwinden bringt, ist Erkenntnis und Verwirklichung. Wenn wir eine Wahrheit in unser Bewußtsein aufnehmen und uns an sie halten und sie in uns bleiben lassen, bis ein Augenblick der Verwirklichung kommt, dann haben wir mit einer jeden solchen Verwirklichung ein Stück Sterblichkeit abgetan.

In unserer Meditation wollen wir die Augen schließen und das Wort *Ich* betrachten und dann erkennen, daß unser Selbst von Natur unsichtbar ist, unser Selbst, das wir sind. Erkennen wir, daß unser Körper sichtbar ist, aber *Ich* bin nicht sichtbar. Und dann erinnern wir uns an die Schriftstellen: „Ich bin gekommen, daß sie das Leben und volle Genüge haben sollen ... Ich bin der Weg, die Wahrheit und das Leben." „Näher ... als der Atem und näher als Hände und Füße" (Tennyson), bin *Ich*, die *Unendlichkeit*, der *Meister*, der *Vater* im Innern.

Betrachten wir dann unseren Körper, unsere Arbeit, unsere Ehe oder unsere Wohnung und erkennen: „Von mir selbst bin ich nichts. Jenes *Ich*, das ich bin, ist das Gesetz und die Substanz; es ist die Nahrung, die den Körper erhält; es ist das, was die Arbeit, die Ehe und unsere menschlichen Beziehungen zusammenhält."

Früher oder später stellen sich Versuchungen ein, wie es auch beim *Meister* geschah, in Form von Not. Auf einmal denken wir an Geld, wie Jesus plötzlich an Brot dachte. Aber er durchschaute das Wesen der materiellen Einstellung schnell, die behauptete, die Kraft läge „draußen", im Brot. Wie lautete seine Antwort? „Der Mensch lebt nicht vom Brot allein, sondern von einem jeglichen Wort, das durch den Mund Gottes geht."*

Auch wir müssen in jenen höheren Bereich hineinspringen und sagen: „Der Mensch lebt nicht vom Geld. Der Mensch lebt von jedem Wort Gottes, von jedem geistigen Impuls, den er im Bewußtsein empfängt." Gewiß erscheint das äußerlich als Geld oder Muskeln oder als Funktionieren des Körpers. Die Gewahrwerdung von

* Vgl. Joh. 10:10; 14:6; Matth. 4:4.

*Ich* bringt tatsächlich auf der sogenannten materiellen Ebene Frucht, es ist aber nicht die materielle Ebene. Selbst Körper und Geld sind die Werkzeuge Gottes.

Was dem Geld seinen Wert gibt, ist der geistige Wert des Vertrauens und Glaubens. Ein Schuldschein ist nicht mehr wert als der Charakter dessen, der ihn ausstellt. Deshalb ist es Unsinn, einen Schuldschein als wertvoll anzusehen. Wenn wir hingegen Geld, Besitz, Wohlwollen oder Handel als die äußere Manifestation des Bewußtseins betrachten, dann werden diese Dinge die Qualität und Quantität des *Bewußtseins* annehmen, welches Unendlichkeit ist. Wenn wir sie als etwas vom Bewußtsein Getrenntes betrachten, werden sie wertlos.

Wenn Ihnen ein Gedanke kommt, so erziehen Sie sich dazu, ihn im Lichte der zwei Welten abzuwägen: „Ist dies ein materieller Gedanke? Verleihe ich jemandem oder etwas außerhalb von dem *Ich,* das ich bin, Macht? Wenn ich guten oder schlechten Mächten oder der Angst Vertrauen schenke, wenn ich mich auf äußere Kräfte verlasse oder an Ansteckung oder den Kalender glaube, wenn ich dem Äußeren Macht zuschreibe, lebe ich in der Welt der materiellen Vorstellung, der materiellen Werte."

Wenn aber solche Gedanken kommen, dann sollten wir sie von neuem deuten: „Nein, ich lebe nicht vom Brot oder Besitz, sondern von dem Willen Gottes. Ich sterbe nicht an der Macht von Unfällen, Bazillen oder der Vererbung; ich 'sterbe' in dem Maße, als ich diesem äußeren Bereich Macht entziehe. Ich 'sterbe' meinem Menschsein ab, und in dem Maße werde ich wiedergeboren in meine geistige Sohnschaft." Sobald es uns gelingt, die Macht in das *Ich,* das wir sind, zurückzuziehen, verschwindet die Angst vor dieser äußeren Welt.

Der Übergang von der materiellen Einstellung zum geistigen Bewußtsein vollzieht sich in dem Maße, als wir uns diesem Ziel hingeben. Beginnen tun wir, indem wir den Buchstaben der Wahrheit erlernen, der in dieser *Botschaft* enthalten ist. Dann schließen wir, während unserer längsten Zeitspanne der täglichen Meditationen, wenn wir am freiesten von äußeren Einflüssen sind, die Augen und betrachten einige dieser Prinzipien — besonders das Wort *Ich*.

*In diesem unsichtbaren Ich, das ich bin, ist mein Leben verkörpert und alles, was ich in diesem Leben brauche. Ich brauche nirgendwo dafür hingehen, denn Es ist bereits in dem Ich, das ich bin, verkörpert.*

Zu erkennen, daß Er vollführt, was Er uns zu tun aufgibt, ist eine hohe Form des Gebets, denn damit hört der Glaube, daß Gott nach unserem Willen verfahren wird, auf — selbst wenn wir glauben, es sei unser guter Wille. Warum zeichnen wir vor, was Gottes Wille oder das Schicksal für irgendeinen Menschen sein sollte? Wenn irgendein irdischer menschlicher Wunsch oder das Verlangen in unser Gebet oder unsere Meditation kommt, so haben wir den Segen verloren, denn wir haben uns von der Überzeugung getrennt, daß Gott Allgegenwart ist und von der Erkenntnis, daß allein Gott das vollführt, was Er verordnet.

Halten wir unser inneres Ohr offen, denn nun lauschen wir mit dem unsichtbaren Ohr und warten, das unhörbare Wort Gottes zu vernehmen. Halten wir uns in diesem Frieden, bis wir spüren, daß die Zeitspanne der Meditation um ist — zwei Minuten, drei Minuten, fünf Minuten — und gehen dann wieder an unsere Arbeit. Wir haben um nichts gebeten und haben auch nichts beschlossen. Alles, was wir taten, war, uns in Übereinstimmung mit unserem *Urquell* zu bringen und mit Ihm Gemeinschaft zu halten. Wir haben dem *Geist Gottes* Platz gemacht, daß Er in unserem Bewußtsein erwache. Dann wird Er Seine Arbeit in uns und für uns, durch uns und vor uns her vollbringen. Stets wird Er es tun.

*8. Kapitel*

## Der Weg zur Erfüllung: richtige Identifizierung

Auf dem geistigen Pfad ist die Enthüllung und Erkenntnis der richtigen Identität von größter Bedeutung, da es durch die Verwirklichung dieses Prinzips geschehen wird, daß die gesamte Welt eines Tages in eine neue Lebensära eintritt.

Viele, viele Jahrhunderte lang wurde der Welt gesagt, daß wir alle Sünder sind und wenn wir diese irdische Ebene verlassen, die Mehrzahl aller Menschen sich in der Hölle, im Fegefeuer oder in der Vorhölle befinden werde. Alle diese Vorstellungen sind das Ergebnis falscher Identifizierung. Die Wahrheit ist, daß der Teil von uns, der aus Sterblichkeit besteht, völlig illusorisch ist. Er ist nicht wirklich und hat überhaupt keine wirkliche Existenz.

Selten kommen wir in Berührung mit jenem Teil von uns, der wirklich ist, mit unserer wahren Identität, unserem wahren Wesen. Tatsächlich lernen nur sehr wenige Menschen während ihres irdischen Lebens jemals ihr eigenes Wesen oder das ihrer Freunde und Angehörigen kennen. Sie leben stets in einer Welt der Illusion, wie Schauspieler auf der Bühne mit den übrigen Darstellern eines Stückes.

Vor langer Zeit enthüllte Shakespeare in seiner Weisheit, daß die ganze Welt eine Bühne ist und alle Menschen Schauspieler. Was wir unser Menschsein nennen, ist eine Maskerade; es ist eine Theateraufführung, und wir verbergen uns hinter der Maske. Wir verstecken uns nicht nur vor uns selbst, sondern erblicken auch, wenn wir andere betrachten, nur die Maske, die sie tragen, genannt Persönlichkeit. Wir beurteilen sie nach dem, was wir sehen, anstatt zu erkennen, daß sich hinter jener Maske der Persönlichkeit, hinter dem Kostüm, das wahre *Selbst* oder die wahre Identität dieses Einzelwesens befindet.

Wenn wir uns daran beteiligen, uns gegenseitig nach dem zu beurteilen, als was wir äußerlich erscheinen, so nehmen wir alle an einer großen Maskerade teil und sehen den einen als Romeo an, eine andere als Julia, den als Hamlet und einen anderen als Satan und merken überhaupt nicht, daß hinter dieser Maskerade, dieser Persönlichkeit, ein wahres Wesen, ein unsterbliches Sein, das nie geboren wurde und niemals sterben wird, steht — eine individuelle Offenbarung des Göttlichen. Solange das Leben durch den menschlichen Geist und Körper gelebt wird, ist es unmöglich, das Leben unserer wahren Identität zu leben und die freudige Erfahrung der Gemeinschaft miteinander zu machen, die eintritt, wenn wir erst einmal über den Bereich des Geistes und Körpers eines Menschen hinausgekommen sind und den Bereich seiner *Seele* erreicht haben.

### *Drei Aspekte des Menschen*

Wir bestehen aus drei Teilen: *Seele,* Geist und Körper. Früher handelte die medizinische Wissenschaft beinahe völlig von der Voraussetzung aus, daß der Mensch nichts als Körperlichkeit sei, und alles, was sie tat, bestand darin, den Körper zu behandeln, um ihn gesund zu machen. Während des letzten Jahrhunderts entdeckte sie jedoch, daß der Mensch sowohl Geist wie Körper sei, und bemüht sich nun, die Gesundheit des Menschen mithilfe des Geistes wie auch des Körpers hervorzubringen. Sie beschäftigt sich mit dem Geist des Menschen und versucht, ihn zu beruhigen, um so den Körper in Harmonie und Gesundheit zu bringen. Es gibt allerdings einige wenige unter den Medizinern, die erkannt haben, daß der Mensch eine *Seele* besitzt und daß sein Geist und sein Körper nicht gesund sein können, ehe nicht der *seelische* Bereich einbezogen ist.

Bei den sogenannten metaphysischen Praktikern wurde der Bedeutung des menschlichen Geistes stets Rechnung getragen, ja, am Anfang steht bei ihnen die Erkenntnis, daß ein gesunder Geist für die physische Gesundheit und Harmonie wichtiger ist als der Körper. Sie machten die Beobachtung, daß, wenn sie den Geist zu einer gewissen Gesundheit, Ganzheit und Beruhigung bringen konnten, die Gesundheit des Körpers die unmittelbare Folge war.

Jedoch muß noch ein höherer Faktor, die *Seele,* in Betracht gezogen werden. Der Mensch, das individuelle Einzelwesen, ist in Wirklichkeit *Seele* mit einem Geist und einem Körper. Es geschieht in der *Seele,* daß die Harmonie sich offenbart und darauf auf Geist und Körper übergeht. Und dies ist es, was der *Meister,* Jesus Christus, sagen wollte, als er bemerkte: „Sorget nicht für euer Leben, was ihr essen und trinken werdet. ... Trachtet am ersten nach dem Reich Gottes.“ Dieses Reich Gottes ist der Bereich der *Seele,* nicht das Reich Gottes hier draußen. sondern das Reich Gottes im Innern.

Wenn wir uns selbst erkennen wollen, müssen wir unsere *Seele* entdecken. Wenn Sie mich kennenlernen wollen, so glauben Sie nur ja nicht, daß Ihnen das je gelingen würde, wenn Sie wüßten, wie mein Geist funktioniert oder mein Körper. Sie müssen schon mit mir Gemeinschaft halten, in meiner *Seele.* Dort kann ich mich Ihnen enthüllen. Wenn ich Sie erkennen möchte, so können Sie gewiß sein, daß ich nicht in den Bereich Ihres Geistes oder Körpers eindringe, sondern ich versuche, mit Ihrer *Seele* Gemeinschaft zu halten. Wenn ich Ihre *Seele* finde, so erfahre ich, daß wir beide Kinder Gottes sind, Glieder der einen Familie des göttlichen Haushalts.

### *Richtige Identifizierung*

Wenn wir unser geistiges Wesen erfassen, so lösen sich alle Probleme der Welt, da durch eine solche eigene richtige Identifizierung auch alle übrigen Prinzipien geistigen Lebens offenbar werden. Die geistigen Lebensprinzipien können uns nicht enthüllt werden, ehe wir nicht unser wahres Wesen entdeckt haben und mit der *Seele* Gemeinschaft halten können, Ihrer *Seele* und der meinen. In der *Seele* nämlich sind die Mysterien des Lebens verborgen, und durch die *Seele* werden sie enthüllt. Wir leben zwischen zwei Welten, zwischen der Welt des menschlichen Geistes und Körpers und der Welt der *Seele,* ehe wir jedoch nicht den Bereich der *Seele* finden, bleibt uns das Geheimnis des Lebens verborgen.

Als Papst Paul VI. am 9.April 1964 die Gefängnisse

besuchte, zelebrierte er die Messe und gab mehreren Hundert Gefangenen die hl. Kommunion und sagte ihnen, er käme zu ihnen nicht aus irgendwelchen romantischen oder humanen Gründen, sondern weil er in ihnen die Verkörperung Christi erblickte. Er erklärte den Gefangenen dort, daß sie selbst in ihrer tiefsten Erniedrigung jeden Augenblick zu der Erkenntnis ihrer vollen menschlichen Würde erwachen könnten.

Für die Zeitungen war dies nichts Neues. Neu für sie war vielmehr, daß der Papst ins Gefängnis ging; daß er aber den Gefangenen erklärte, daß er die Inkarnation Christi im Menschen sähe, auch in einem Sünder, das erkannten sie nicht als Neuigkeit, eine Neuigkeit von beispielloser Bedeutung. Obwohl sie von diesem Ereignis berichteten, merkten sie nicht, daß es eine große Neuigkeit war, als die Römisch-Katholische Kirche die Enthüllung machte, daß der Mensch kein Sünder ist, der für alle Ewigkeit zur Hölle verdammt ist, sondern daß der Mensch die ganze Würde des vollen Menschseins besitzt, das, was wir Christus-Sein nennen.

Was für eine Wirkung mögen diese Worte des Papstes auf die Gefangenen gehabt haben? Nur ganz wenige werden wiederum sündigen, nachdem ihnen von der göttlichen Autorität, wie sie es ansehen, gesagt ist, daß Christus sich in ihnen verkörpert hat. Wissen Sie, wie unmöglich es ist, wenn man erst einmal sein eigenes wahres Wesen erkannt hat und wirklich Zeuge von der Verkörperung Christi im Menschen geworden ist, den eigenen Körper oder Geist zu entehren oder zu verletzen oder gar den unseres Nächsten?

Es ist keinem von uns gegeben, Christus als unser eigenes Wesen, unsere eigene Identität, zu erblicken.

Das würde unser Ego so intensiv betonen, daß wir darüber in Flammen aufgingen. Einige von uns haben Christus vielleicht in Jesus erkannt, in Johannes, Paulus oder Gautama, dem Buddha. Wir erblicken *Es* eher in jemand anderem als in uns selbst, und dann geht uns ein Licht auf: Gott kann nicht nur einen einzigen Sohn haben. Mit dieser Erkenntnis weitet sich der Blick, und plötzlich erkennen wir: „Es waren dies alles Menschen wie ich, bis die Erkenntnis einsetzte und Christus offenbar wurde." Das bringt Christus in uns zum Leben, und wir vermögen zu sagen: „Also auch ich."

Jesus gab der Welt die Lehre, Christus in dir und in mir zu erblicken, als er darauf bestand: „Wer sagen die Leute, daß des Menschen Sohn sei? ... Wer sagt denn ihr, daß ich sei? ... Du bist Christus, des lebendigen Gottes Sohn." Es gibt nur *ein* Selbst, und *Das* bin ich.

Wenn wir das fortsetzen, so finden wir, daß Christus in allen Menschen verkörpert ist, nicht nur in der guten Menschheit, sondern in der schlechten. Worauf es ankommt ist folgendes: Führt uns irgend etwas im Innern zu einem Menschen, der *Es* in uns zu wecken vermag, zu einem Buch oder einer Lehre? Dann sind wir, wenngleich unsere Sünden blutrot wären, befreit.

## *Jeder muß das Licht im Innern finden und von da aus leben*

Der *Weg zur Verwirklichung* ist keine Lehre, bei der man sich auf den Lehrer oder die Lehre verläßt. Der *Weg zur Verwirklichung* hat Lehrer, Bücher und Veranstaltungen allein zu dem Zweck, uns zum Reich Gottes in unserem Innern zurückzuführen, auf daß wir von Gott gelehrt werden und unser geistiges Wesen offenbar werde. Die Welt hat die Wahrheit verloren, weil die Anhänger der großen Religionen bei den Ergebnissen derjenigen stehenblieben, die der Welt die Lehren brachten. Selbst in unserer heutigen Zeit wurde anerkannt, daß Mary Baker Eddy, Myrtle Fillmore und Ernest Holmes von Gott inspiriert waren, und nun fühlen sich die Anhänger bemüßigt, ihnen zu Füßen zu sitzen. Von einem Lehrer zu lernen ist recht und ganz in Ordnung, wir dürfen uns nur nicht vornehmen, unser ganzes Leben dort zu verbringen.

Ein Hauptproblem in meinem persönlichen Leben bestand darin, daß ich jede solche Beziehung zwischen mir und den Schülern, die zu mir kamen, oder den Schülern unserer Lehrerinnen zu vermeiden suchte. Manche von ihnen glauben, wir seien von Gott inspiriert, und daher sagen sie sich: „Setzen wir uns hin und nehmen teil an seinem oder ihrem Licht." Das ist bis zu einem gewissen Punkt gerechtfertigt; aber auf dem *Weg zur Verwirklichung* wollen wir keine Anhängerschaft erziehen, auch liegt uns nicht daran, Ruhm oder Reichtümer zu erwerben. Ich bemühe mich jedenfalls, so wie auch einige der Lehrerinnen, die von uns gelernt haben — manchmal sogar gegen den Willen unserer Schüler — Sie zu der Erkenntnis zu bringen, daß Sie genau denselben Zugang zum Reich Gottes haben wie wir. Wenn Sie heilen möchten, können Sie genauso viel erreichen wie jeder von uns.

Auf dem *Weg zur Verwirklichung* ist es nicht vorgesehen, daß es eine Gruppe von Menschen, genannt Lehrer oder Heiler, gibt und eine andere, welche Anhänger oder Nutznießer des Lebens der Hingabe, das von einigen wenigen gelebt wird, sind. Auf dem *Weg zur Verwirklichung* wirkt der Lehrer als das Werkzeug zur Erweckung des

Schülers für den Christus-Geist in seinem Innern. Eine solche Arbeit findet natürlich nur Anklang bei solchen, die forschen, meditieren und in ihrer Seele die Einweihung durch den göttlichen *Geist* empfangen möchten. Unsere Lehrer arbeiten mit den Menschen einzeln, zu zweit, zu sechst, zwölft oder zu hundert — jedoch nicht mit größeren Massen. Die Masse der Menschen ist noch nicht bereit, sich hinzugeben und die Stunden zu opfern, die notwendig sind, „jenen Geist" zu erlangen, oder die Schmerzen zu erleiden.

### *Das Land, wo Milch und Honig fließt, oder das Kreuz?*

Bei vielen herrscht noch die Vorstellung, daß sie, wenn sie sich dem geistigen Pfad zuwenden, das Land, wo Milch und Honig fließt, entdeckt haben. Ein solches Land gibt es, jawohl, und vielleicht sind sie auch auf dem Weg dorthin, aber es wird eine sehr lange Zeit dauern, bis sie angelangt sind. Natürlich sind einige ein bißchen den anderen voraus, aber als Menschen werden wir nie so gut, daß wir das Gelobte Land betreten könnten. Allein, wenn wir unserem sterblichen Menschsein gegenüber absterben, vermögen wir in unser volles *Christ-Sein* einzutreten.

Es hat seine volle Berechtigung, wenn ich anerkenne, daß Christus in Ihnen verkörpert ist, und daß Sie anerkennen, daß Christus in mir verkörpert ist. Es ist aber etwas ganz anderes, dorthin zu gelangen, wo wir erkennen, daß es gar kein solches „Ich" gibt: es gibt allein Christ-Sein. Sie werden merken, so wie jeder auf diesem Pfad, daß einige schmerzhafte Schritte zu tun sind, ehe man diesen Punkt erreicht. Warum? Weil man das Gelobte Land nur durch Überwindung erreichen kann. Der Weg zur Krone ist das Kreuz, und das läßt sich nicht umgehen. Eine Schwierigkeit nach der anderen überwinden wir in uns selbst und für unsere Patienten und unsere Schüler, bis wir uns schließlich so weit erheben, daß unser Bewußtsein nicht mehr von Schwierigkeiten berührt wird, weil wir das Christ-Sein erlangt haben.

Bis dahin aber heißt es überwinden, überwinden und nochmal überwinden, umkehren und nochmal umkehren, „bis der komme, der (die Krone) haben soll". Und „der" ist der Christus, der in uns verkörpert ist, ob wir nun Heilige sind oder Sünder.

Der Meister erklärte, daß nicht einmal Johannes der Täufer, der größte der jüdischen Propheten, mit all' seinen menschlichen Qualitäten in den Himmel käme, weil er, obwohl er seine schlechten Seiten, wenn er je welche hatte, überwunden hatte, doch seine guten menschlichen Eigenschaften nicht überwand. Solange man seine guten menschlichen Seiten nicht überwindet, kann man das Christ-Sein nicht erlangen, denn das ist die Erkenntnis der Wahrheit: „Niemand ist gut, denn der einzige Gott." Christ-Sein ist gut; es ist Vollkommenheit, Unsterblichkeit. Wir aber können es nicht beanspruchen, solange noch Spuren des Menschseins an uns sind.

Niemand, auch der *Meister* nicht, hat auf Erden sein Menschsein völlig überwunden. Im Garten Gethsemane hatte der Meister noch den Wunsch, der Kelch möge an ihm vorübergehen. Er wollte, daß seine Jünger für ihn beteten. Das ist Menschsein. Im Christ-Sein brauchen wir niemanden, der bei uns wacht oder für uns betet, denn es gibt gar keinen Kelch, der an uns vorbeigehen sollte.

Deshalb finden wir, solange wir eine Spur des Menschseins an uns haben, immer wieder einen Anlaß, daß jemand für uns betet, und wir werden weiterhin darum bitten, daß gewisse Kelche an uns vorübergehen mögen.

### *Der Übergang von dieser Welt zum Bereich der Seele geschieht allmählich*

Der *Geist Gottes* sieht die Person nicht an. Er berührt einen Hindu-Prinzen, einen japanischen Zen-Meister, einen chinesischen Bodhi sattva, einen jüdischen Rabbiner und einen römischen Papst. Bedarf es weiterer Beweise? Muß es noch deutlicher bewiesen werden, daß „wo aber der Geist des Herrn ist, ... Freiheit" ist*, gleichgültig, wer es ist, der die Gegenwart und den *Geist Gottes* erlangt? Er berührt Heilige und Sünder gleichermaßen. Wenn sie erst einmal die Erkenntnis ihres wahren Wesens, ihre Identität, ihr Christ-Sein erlangt haben — auch nur den allerersten Schimmer — dann erheben sie sich aus der Welt der materiellen Einstellung in die Welt des geistigen Bewußtseins; aus der Welt von Vorstellung und Materie in die Welt des Reiches Gottes oder des Bereichs der *Seele.*

Zu irgendeiner Zeit haben wir alle fast ausschließlich im Bereich von Körper und Geist gelebt. Wenn Sie objektiv zu denken vermögen, dann versetzen Sie sich bitte zurück in die Zeit vor zehn oder zwanzig Jahren und betrachten Sie, inwieweit Sie in einem Bewußtseinszustand

* Vgl. Matth. 6:25,33; 6:13,15,16; Hesek. 21:32; Matth. 19:17; 2.Kor. 3:17.

lebten, in dem nur Körper und Geist für Sie wirklich waren. Und dann können diejenigen, die auch nur einen Funken der eigenen *Seele* oder der eines anderen erblickt haben, so daß sie erkannten, daß es in jedem einzelnen von uns einen Bereich der *Seele* gibt, nun vergleichen, wie sich die Welt, in der sie jetzt leben, von der früheren, die nur aus Klima und Landschaft. Gesundheit und Krankheit oder Reichtum und Armut bestand, unterscheidet. Wie anders sieht die Welt aus, wenn wir einen Schimmer der Seele aufgefangen haben!

Je weiter wir in der Verwirklichung der *Seele,* der Christus-Identität, gelangen, desto größer wird die innere Unruhe. Dinge und Gedanken, die uns ganz natürlich waren, als wir ganz im Bereich von Körper und Geist lebten, sind uns direkt zuwider, sobald wir den Bereich der Seele berühren.

Sowie man einen Schimmer dieses höheren Bereichs erblickt hat, gehen einem profane oder unanständige Dinge auf die Nerven. Unser Geist weist sie zurück, will sie nicht haben, und wenn er zu oft in einer solchen Umgebung weilen muß, beginnt er sich innerlich zu wehren und es übel zu vermerken und führt schließlich den Menschen von diesem Niveau fort, und wenn er darüber Mutter, Vater, Schwester, Bruder oder Kind verlassen müßte.

Genauso ist Rauchen und Trinken keine Sünde, außer wenn es im Übermaß betrieben wird. Aber wie unangenehm ist uns dies, wenn wir eine Zeitlang in jenem Bereich der *Seele* geweilt haben. All' die kleinen Hinterlisten des menschlichen Lebens — die täuschende Werbung, die Verdrehungen — schaffen einen inneren Konflikt.

In das Reich der *Seele* zu gelangen, ist nicht gerade

ein kleiner Sprung, Hupf oder Flug auf eine schöne Wolke und dann die übrige Welt vergessen! Es ist ein allmähliches Übergehen von dieser Welt in die Welt der *Seele*. Schließlich, wenn wir weit genug in den Bereich der *Seele* gelangt sind, gehen uns jene anderen Dinge nicht mehr so gegen den Strich. Eigentlich bemerken wir sie überhaupt nicht mehr. Wir nehmen sie meistens gar nicht mehr wahr, selbst wenn sie uns direkt vor Augen stehen.

Ich erinnere mich an ein solches Erlebnis in meinem eigenen Leben. In den ersten Jahren, nachdem ich den Übergang im Bewußtsein vollzogen hatte, besaß ich eine sehr starke Abneigung gegen Alkohol, gegen den Geruch und sogar den Anblick der Flasche. Ich bemühte mich bewußt, nirgendwo zu sein, wo ich mit Alkohol in Berührung kam. Eines Tages jedoch kam eine Gruppe von metaphysischen Praktikern zu einer Tagung, und wir gingen zum Mittagessen in ein Restaurant. Der einzige Tisch, der für diese Gruppe groß genug war, stand direkt vor der Bar. Der Ober führte uns dorthin, wir nahmen Platz, aber ein paar der Heiler sahen mich entsetzt an, wie ich sie zu einem solchen Ort der Sünde führen könnte. Tatsächlich hatte ich es gar nicht bemerkt, und es störte mich auch nicht, aber ich sah wohl, daß mancher von ihnen es als störend empfand. Als sie mir später davon sagten, versuchte ich, ihnen klarzumachen, daß es an sich nichts Gutes oder Böses gibt und beides vom Betrachter abhängig ist.

Einige von Ihnen erinnern sich vielleicht noch an unseren Kursus in San Diego, 1959, der jeden Morgen in einem anderen Lokal mit all den Zeugnissen des nächtlichen Treibens stattfand. Ich kann mich nicht besinnen, daß es irgend jemanden gestört hätte. Niemand hatte im geringsten etwas dagegen, denn sie wußten ja, warum wir dort waren, und die Umgebung störte sie nicht. Aber es gibt eine Zeit, die man vielleicht betiteln könnte: „ ... denn ich bin für dich heilig" (Jes. 65:5). Sie geht vorüber, aber im Anfang nicht ohne Schmerzen.

### *Gleichmut gegenüber den Übeln dieser Welt ist nicht leicht zu erlangen*

Ein weiteres schwieriges Problem des Lebens in diesen zwei Welten stellt sich uns, wenn wir Zeuge werden von Unmenschlichkeit in einem größeren Ausmaße. Wenn wir mit einzelnen schwierigen Problemen unserer Schüler und Patienten konfrontiert werden, geraten wir in eine schwierige Lage. Selbstverständlich treten die Augenblicke von Frieden und Freude ein, wenn es uns gelingt, sie über ihre Schwierigkeiten hinwegzubringen. Stets aber müssen auch die anderen Augenblicke durchgemacht werden, die wahrscheinlich nicht eintreten, wenn wir volles Christ-Sein erlangen.

Es erscheint mir sehr zweifelhaft, daß Jesus in seinem jetzigen Bewußtsein die Tische der Wechsler umstoßen oder jemanden „Otterngezücht" nennen würde. Ich glaube auch kaum, daß er überhaupt noch irgend etwas sehen oder hören würde, das solche Gefühle in ihm aufkommen ließe. Wenn es ihm jetzt zum Bewußtsein käme, würde es damit geheilt, aufgelöst oder beseitigt sein. Ganz gewiß empfand er, als er zu der Frau kam, die beim Ehebruch ertappt wurde, oder zu dem Schächer am Kreuz, kein Entsetzen oder Abscheu. Warum nicht? Weil er sich überhaupt der Sünde vor ihm nicht bewußt war. Es berührte nur sein Bewußtsein und löste sich auf, ohne irgendeine Mißbilligung bei ihm hervorzurufen.

Dies dürfte stimmen, denn ich selbst erlebe an mir dasselbe Ausbleiben einer Reaktion. Ich reagiere überhaupt nicht auf Sünden oder Sünder oder auf Armut oder Krankheit eines Menschen. Diese Dinge berühren oder bewegen mich nicht mehr. Jedoch ergreifen mich immer noch Gemeinheiten an höherer Stelle. Unmenschlichkeit von seiten des Menschen von nationalem oder internationalem Ausmaß, wo Herrscher das in sie gesetzte Vertrauen mißbrauchen und ganzen Völkern Leid und Schaden zufügen. Auf einige solcher Dinge reagiere ich immer noch, so wie auch der Meister auf die Übel, die er höheren Ortes wahrnahm, reagiert haben muß. Aber ich weiß wohl, daß er darüber hinausgekommen ist und daß der Tag kommen wird, an dem ich es vermag und tun werde. Nur wenn wir zu dem Bewußtseinszustand aufsteigen, in dem uns diese Dinge nicht mehr als Wirklichkeit beeindrucken, können wir sie heilen.

Eines Tages, wenn wir Christus in unseren Präsidenten, in unseren Abgeordneten, in den Diktatoren der Welt erblicken können, anstatt daß wir sie so sehen, wie sie uns erscheinen, werden wir die Welt auf nationaler und internationaler Ebene heilen. Vermutlich nehmen Sie an, daß dies leicht sei. Das ist es aber nicht! Und dies ist der Grund, warum in uns Unstimmigkeit und Disharmonie herrschen und warum dieser Pfad kein leichter ist.

Er erfordert, daß wir ausharren bis zu dem Tag, an dem wir selbst dem, den wir für den gemeinsten Schuft halten, mitten in die *Seele* schauen und dort die Verkörperung Gottes zu erblicken vermögen. Seien wir gewiß, daß wenn es zwei oder mehr von uns gibt, die „zehn Gerechten", die dies vermögen, es ewigen Frieden auf Erden geben wird. Hinzu kommt auch, daß die Kinder der kommenden Generationen als die Verkörperung von Christus geboren werden, denn sie werden von ihren Eltern nicht im Augenblick der Lust, sondern der Liebe empfangen.

### *Geistige Erfüllung ist das Ziel auf dem Weg*

Wir müssen diese Welt verlassen, um in jene höhere Welt zu gehen. Der Abstand zwischen diesen beiden Welten wird *der Pfad* oder *der Weg* genannt. Es ist der Pfad oder der Weg von der materiellen Einstellung bis hin zur *Seele.* In den Bereich der *Seele* aber können wir nur durch ein Wirken der Wahrheit in unserem Bewußtsein eintreten.

Wer den Stand eines Lehrers, Heilers oder geistigen Führers erlangt und die Verkörperung von Christus im Menschen zu erblicken vermag, wird heilen, erneuern, versöhnen, aber er wird es dem Einzelnen nicht ersparen können, daß er sich selbst auf den *Weg* begibt, um die Erfüllung zu erlangen. So wie die richtige Identifizierung, die Erkenntnis des wahren Wesens des Menschen, der Anfang der geistigen Arbeit ist, so ist das Ziel die Erfüllung.

Wenn wir uns fragen wollten, warum wir die Bücher des *Wegs zur Verwirklichung* lesen oder die Tonbandaufnahmen anhören, so hätten wahrscheinlich viele von uns keine passende Antwort zur Hand, da wir im Moment nicht wüßten, warum wir eigentlich eine solche Arbeit angefangen haben. Was wir auch als Grund dafür ansehen, es ist bestimmt nur der Köder, der uns zu dieser Arbeit anlockte. Es ist jedenfalls nicht der wirkliche Grund. Der wirkliche Grund heißt Erfüllung, daß wir in geistiger Weise Erfüllung finden, daß wir zur bewußten Vereinigung mit Gott gelangen, daß wir unser wahres Wesen bewußt erkennen mögen. Vielleicht lesen Sie diesen *Lehrbrief,* weil Sie glauben, Sie kämen dadurch an die Dinge, die Ihnen fehlen. Diese Dinge erlangt man jedoch nie dadurch, daß man sie sucht. Sie können nur dadurch gewonnen werden, daß man geistige Erfüllung erfährt. Wenn wir das Reich Gottes suchen und finden, so werden wir vom *Geiste Gottes* erfüllt, und all die Dinge, um derentwillen wir glauben, den geistigen Weg eingeschlagen zu haben, werden uns zufallen.

Lassen Sie sich das einleuchten, was ich über diese Arbeit, diesen Pfad und wie man dazu kommt, gesagt habe, nämlich um der Erfüllung willen. Bewahren Sie, selbst während Sie an bestimmten Problemen arbeiten, ein Gebiet in Ihrem Bewußtsein, in welchem Sie sich vergegenwärtigen, daß das Lösen von Problemen nicht der eigentliche Zweck Ihrer geistigen Arbeit und Meditation ist, sondern daß das Ziel in Wirklichkeit Erfüllung ist: von Gott ganz erfüllt werden, vom *Geist* ganz erfüllt werden, Gott-Verwirklichung erfahren.

Wenn wir uns Gott zuwenden, müssen wir das um der göttlichen Gaben willen tun — nicht, damit unser Herz, unsere Leber oder Lunge ganz in Ordnung kommen. Was ist die Gabe Gottes? Die Gabe Gottes ist ein göttlich-geistiger Impuls, der in unserem menschlichen Geist Form annimmt und als harmonischer Körper in Erscheinung tritt. Wenn wir aber diesen geistigen Impuls nicht empfangen, kommt die Form niemals zustande. Die Gabe Gottes ist nicht Geld — überhaupt keine materiellen Dinge —, weder ein Automobil noch ein Haus, noch Grundbesitz; die Gabe Gottes ist nicht materieller Art, sondern unkörperlicher, geistiger Art, und wenn wir diese Gabe empfangen, so verwandelt sie sich selbst in unserer Erfahrung als faßbare Form, die sehr wohl Automobil, Haus oder Grundbesitz sein kann.

Verstehen Sie bitte folgendes: Ein Komponist kann kein Musikstück empfangen, ein Erfinder kein Automobil oder Fernsehgerät. Der Komponist empfängt einen Impuls, der die Form einer Melodie annimmt, welche dann durch die Stimme oder das Klavier oder die Violine hervortritt. Ebenso empfängt der Erfinder einen Impuls, der die Form einer Idee annimmt, mit deren Hilfe er daraus ein Telefon oder eine drahtlose Telegrafie oder irgend etwas schaffen kann; aber Gott kann dem Erfinder kein Telefon schenken. Wenn wir um die göttliche Gabe beten, um das Gewahrwerden der göttlichen Gegenwart, so erscheint sie in Form von etwas Sichtbarem, an dem wir teilhaben können.

Geistige Prinzipien sind die Schätze, die wir im Himmel sammeln. Irdische Gesundheit oder irdischer Reichtum kann vergehen, aber wenn wir den Geist Gottes im Innern besitzen, wird er „die Jahre erstatten, welche die Heuschrecken ... gefressen haben". Was macht es deshalb aus, wenn wir alles, was wir haben, verlieren oder abgeben, solange wir den *Geist Gottes* besitzen, der dessen Substanz ist? Wenn die Früchte von einem Baum genommen werden, sei es, daß der Sturm sie herunterwarf oder daß sie gepflückt oder gestohlen wurden, so macht sich der Baum sofort daran, neuen Vorrat zu schaffen. Mit anderen Worten: Sie dürfen Ihren Mangel nicht nach dem Zustand Ihrer Brieftasche beurteilen, sondern nach dem Ihres Bewußtseins. Begreifen Sie das Wesen des geistigen Reichs und das Wesen geistiger Gaben. Begreifen Sie den Ursprung geistigen Wohlstands.

### *Die Notwendigkeit, das Licht mitzuteilen*

Es gibt nur einen wahren Grund dafür, daß jemand jemals den geistigen Pfad betreten hat, und zwar den, daß er Erfüllung erlange, Erfüllung mit dem *Geist Gottes.* Wie kommt das? „Vor dir ist Freude die Fülle."* Fülle! Könnten wir „Freude die Fülle" haben ohne Gesundheit, Wohlstand, ohne gute Beziehungen untereinander und ohne ein Zuhause? Wie wäre das möglich? Wie könnten wir dann erfüllt sein, voll Freude?

Wenn wir aber Erfüllung erlangen, dann wird uns klar, daß dies nicht geschieht, auf daß wir glücklich, gesund und erfolgreich seien. Der Grund, daß wir Erfüllung erlangten, ist der, daß wir davon mitteilen. Jeder, der diese Gnade Gottes empfangen, der den *Geist Gottes* über sich gespürt hat oder vom *Geiste* geweiht wurde, hat seine eigene Erfüllung gefunden. Man sollte meinen, daß ein solcher Mensch glücklich sein könnte, aber das ist er nicht, ehe er sich nicht aufmacht und versucht, dies zu lehren oder zu predigen, selbst wenn er am Kreuz endet. Niemand, der das empfangen hat, kann jemals seine Erfüllung genießen, solange er sie nicht weiterzugeben sucht.

* Vgl. Jes. 65:5; Matth. 21:12; Luk. 3:7; I.Mose 18:32; Joel 2:25; Psalm 16:11.

Es ist dies sehr ähnlich wie mit dem wahren Menschenfreund. Der wahre Menschenfreund hat sein Ziel erlangt, indem er eine Fülle von Dingen besitzt, aber er entdeckt, daß die eigentliche Freude darin besteht, sie wegzugeben. So ist es auch mit der Fülle des *Geistes.* Wenn ein Mensch ein gewisses Maß von jenem *Geiste* erlangt hat, dann macht es ihm überhaupt kein bißchen Freude, allein damit zu bleiben. Die einzige Freude besteht darin, Ihn mitzuteilen.

Der Papst muß ein schweres Kreuz auf seine Schultern genommen haben, als er bereit war, die Wahrheit über die Inkarnation Gottes im Menschen denen zu offenbaren, die gelernt hatten, daß allein Jesus die Verkörperung Gottes gewesen sei. Wenn ich an die möglichen Reaktionen von seiten der Hierarchie denke, dann bete ich mit dem Papst. Ich bete nicht für ihn, sondern mit ihm, daß die Gnade Gottes ihn immer stützen möge, bis er der ganzen katholischen Welt offenbart hat — und vielleicht die protestantische Welt zur Zustimmung bewegt —, daß Christus im Menschen verkörpert ist.

Können Sie sich vielleicht vorstellen, was geschehen wird, wenn die Welt aufwacht und begreift, daß Christus in allen Menschen verkörpert ist, nicht nur in Jesus und nicht nur in allen guten Menschen, sondern auch in allen Sündern? Was wird geschehen, wenn diese Welt zu verstehen beginnt, weshalb Gottes Regen auf Gerechte wie auf Ungerechte fällt? Aber Gottes Regen fällt wirklich auf Gerechte und Ungerechte. Warum? Weil Gott im Menschen verkörpert ist; Gott ist offenbart als Mensch. Er haucht uns sein Leben ein, und es ist Sein Leben in uns, das reichlich Frucht bringt als Gesundheit unseres Leibes, unseres Geistes, unserer Wohnung, unserer Arbeit oder unseres Berufs. Es ist Sein Leben, das verkörpert ist als wir selbst.

Gott ist Allgegenwart und Gott ist derselbe für alle; aber niemand hat Gott zu eigen, bis er Ihn erlebt. Die Erfahrung Gottes erleben ist das Erlangen aller Dinge, die uns „zufallen", ohne Frage und ohne Erklärung. Durch Gebet und Meditation haben wir die Macht, in die Gegenwart Gottes zu kommen, und in dieser *Gegenwart* bemerken wir, daß wir in der Gegenwart der Erfüllung sind, mit allem, was uns zufällt.

*9. Kapitel*

# Durch Versöhnung zum Instrument der Gnade werden

Unsere individuelle Erfüllung vollzieht sich in dem Maße, als wir bewußt mit unserem Ursprung und damit auch untereinander eins werden. Es ist ein ständiges Sich-Vergegenwärtigen, daß wir, da das eine *Bewußtsein* das Leben allen Seins ist, von selbst eins sind mit allem geistigen Sein, ob es nun als Person, Tier, Pflanze oder Stein in Erscheinung tritt. Um dieses Einssein zu erreichen, ist es jedoch erst einmal notwendig, die bewußte Erkenntnis von dem „Ich und der *Vater* sind eins“ zu erlangen.

Unser Einssein mit unserem *Urquell* erweist sich an unserem Verhältnis untereinander. „So jemand spricht: Ich liebe Gott, und haßt seinen Bruder, der ist ein Lügner. Denn wer seinen Bruder nicht liebt, den er sieht, wie kann er Gott lieben, den er nicht sieht? ... Was ihr getan habt einem unter diesen meinen geringsten Brüdern, das habt ihr mir getan.“

Der Grund dafür liegt darin, daß der einzige Gott, den es gibt, der einzige Christus ist, der im Menschen verkörpert ist, jener Christus, der die Wirklichkeit des individuellen Menschen ausmacht. In unserem Dienst oder unserer Hingabe an den Menschen geben wir unserer Liebe zu Gott Ausdruck, wir erkennen die Einheit von Gott und Mensch an und beten so nicht nur für uns selbst und unsere Freunde, sondern für unsere Feinde und machen dadurch die Feinde zu Freunden.

Wenn wir „in dieser Welt", wie der Meister es nannte, leben, so sind wir in einem Zustand völliger Beschränkung. Es scheint, als sei ich hier ganz allein und für mich und jeder andere für sich allein, ohne Kontakt miteinander. Uns wurde ja beigebracht, daß wir auf unseren eigenen Geist und unsere eigene Erfahrung begrenzt sind, und deshalb achten wir in unserem Lebenslauf anscheinend nur auf uns selbst, ob wir Fortschritte machen, erfolgreich und glücklich sind und gute menschliche Beziehungen haben, während es sich in Wirklichkeit gar nicht so verhält. Denn es gilt nur für „diese Welt", nicht jedoch für „Mein Reich".

Wir Menschen glauben tatsächlich, daß wir uns selbst erhalten und daß unser Leben durch unsere eigene Anstrengung und Weisheit gedeiht, und merken nicht, daß jeder von uns ein Teil des andern ist, genau so wie jeder Ast ein Teil des Baumstamms ist. Indem wir jeder am andern teilhaben, sind wir gleichermaßen ein Teil von dem *Rebstock*, von *Christus*, dem *Geist Gottes*, und dieser *Weinstock* oder *Christus* ist eins mit dem *Vater*.

Wenn wir das erkennen, dann vermögen wir immer und immer wieder, Tag und Nacht, jene Wahrheit zu verwirklichen, daß wir nicht nur durch unsere eigenen Anstrengungen leben, sondern daß jeder Mensch auf dieser Erde zu dem Ganzen beisteuert. Und unsichtbar für das menschliche Auge ist da jener *Weinstock*, der der *Geist Gottes* oder *Christus* ist, eins mit dem *Vater:* der alles, was der *Vater* ist und was der *Vater* hat, zu einem jeden von uns heranzieht. Wir können ruhig sein und uns auf die göttliche Gnade verlassen, denn nun haben wir erkannt, daß es eine *Gnade* gibt, die überall und in allem wirkt, eine *Gnade*, die in der *Quelle* — dem *Geist*, dem *Vater*, der *Ursache* — ihren Ursprung hat und durch unser individuelles Bewußtsein wie durch eine unsichtbare Rebe strömt und *Seele*, Geist und Körper stützt und erhält.

Wir bleiben in dieser Welt als ein Teil von ihr, indessen versuchen wir, nicht von dieser Welt zu sein. Wir vermeiden es, von ihr zu sein und unter ihren Problemen, Zwiespältigkeiten und Disharmonien zu leiden, indem wir uns stets vergegenwärtigen, daß wir nicht *in* und *von* dieser Welt leben, sondern von der *Gnade*. Indem wir erkennen, was es bedeutet, vom lebendigen *Wort* zu leben, empfangen wir Stunde um Stunde die Fähigkeit, in dieser Gewißheit zu ruhen, bis sich das schließlich so in unserem Bewußtsein verwurzelt und gründet, daß wir gar nicht mehr daran zu denken brauchen.

### *Sich mit dem Ursprung versöhnen*

Als menschliches Wesen gleichen wir dem Verlorenen Sohn, der sich von seines Vaters Haus trennte und von seiner eigenen Substanz zu leben gedachte, die sich ja nicht zu erneuern vermochte. Erst als er alles aufgebraucht hatte, erkannte er, was geschehen war und daß er zu seines Vaters Haus zurückkehren müßte. Als er mit seinem Vater versöhnt war, wurde er Erbe des ganzen Königreichs.

So ist es auch mit uns. In dem Augenblick, da wir uns zur Versöhnung anschicken und mit unserem *Ursprung* eins werden, sind wir sogleich „Miterben“ (Röm. 8:17) aller himmlischen Reichtümer. Wenn ich nur mich allein als einen Erben Gottes sehe, vergesse ich möglicherweise alle andern und glaube, von ihnen getrennt und geschieden zu sein, womit ich meine Versöhnung wiederum verloren habe. Denn dafür ist es notwendig, daß ich weiß, daß ich Gottes Erbe bin; ich muß aber auch wissen, daß ich Miterbe mit den andern bin, so daß ich sie in diese göttliche Sohnschaft mit einbeziehe. So bin ich mit ihnen versöhnt, und in meiner Versöhnung mit Gott und mit ihnen finde ich meine Erfüllung.

Und aus welchem Grunde bin ich erfüllt? Weil durch diese göttliche Gnade alles, was der *Vater* hat, mein ist. Ich bin Miterbe und ich teile mit dir. Du aber bist auch Miterbe und teilst mit mir. Aus diesem Grunde sind Gott und Sein ganzer Haushalt versöhnt und von dem *Urquell* her erfüllt. In unserem Stand der Versöhnung sind wir vom irdischen Menschen zu jenem, der sein Sein in Christus hat, hinübergegangen. Nun liegt auf unseren irdischen Wegen das Gedeihen, nicht durch uns selbst, sondern kraft unseres Einsseins mit unserm *Urquell* und durch diesen *Urquell* mit allen andern.

### *Der Zugang zur Allwissenheit durch das transzendente Bewußtsein*

Dieser irdische Mensch, der auf seine eigene Vernunft und die Kraft seines eigenen Leibes angewiesen ist, lebt, wie wir sehen, nach der Weise der Welt: im Streit mit den anderen, jeder auf der Suche und mit dem Verlangen nach dem, was der andere hat, immer in der Meinung, daß das Gras des andern grüner sei, und niemals erfüllt im eigenen Sein. Wenn aber jener Übergang vollzogen wird, werden wir *Etwas* gewahr, von dem wir bisher nichts wußten. Es gibt nämlich außer unserem eigenen ein transzendentes *Bewußtsein*, aus dem heraus wir leben.

Nehmen wir einmal an, wir hätten etwas verloren — einen Ring, eine Nadel oder irgendein anderes Besitzstück — und fangen nun an, uns den Kopf zu zerbrechen, wann wir es zuletzt hatten, wo wir es noch gesehen haben und was wir etwa damit getan haben könnten. Es kann sein und ist auch oft so, daß wir es schließlich wiederfinden. — Nun aber machen wir uns, wenn wir an unseren Verlust denken, ungesäumt klar, daß wir Zugang zur *Allwissenheit*, dem *Allwissenden*, haben und deshalb also nicht auf unser Gedächtnis beschränkt sind oder von mühsamen Nachforschungen abhängig. Stattdessen vermögen wir uns jetzt nach innen zu wenden, wir lassen alles bewußte Nachdenken, lauschen und werden darauf sogleich dorthin geführt, wo sich der verlorene Gegenstand befindet, oder wir sehen zu, wie er uns zurückerstattet wird. Wodurch kann das geschehen? Durch die bewußte Verbindung, die wir mit der unendlichen Intelligenz aufgenommen haben, mit *Dem,* das unser Weltall regiert und dessen Gesetz ist und das wir nun zu unserer eigenen Intelligenz gemacht haben, zu dem *Urquell*, aus dem wir schöpfen. Wenn also unser Gegenstand irgendwo in Reichweite ist, werden wir zu ihm hingeführt; wenn nicht, wird er uns irgendwie zurückgegeben, indem wir geduldig warten, da wir ja die *Allwissenheit* haben, die in und durch unser Leben wirkt. Solange wir *Allmacht* und *Allwissenheit* haben, können wir nicht fehlgehen.

Nach diesem Beispiel gehen wir über auf unser Geschäfts- oder Berufsleben oder unser Familienleben und wenn wir dort einen Mangel, einen Zwiespalt oder eine Disharmonie empfinden, so wollen wir anstatt zu überlegen, was wir dagegen tun könnten, uns einen Augenblick entspannen. Durch unser eigenes Bewußtsein haben wir Zugang zum unendlichen *Allwissen*, das zugleich allgegenwärtig und die einzige Macht ist. Sowie wir uns nach innen wenden, haben wir Zugang zur göttlichen *Gnade,* ob wir uns nun aus geschäftlichen, beruflichen Gründen oder wegen künstlerischer Probleme oder irgendwelcher anderer dorthin wandten; und weil es die *Allwissenheit* ist, haben wir sogleich eine Verbindung mit dem erforderlichen Wissen zur Lösung unseres Problems.

*Gerade hier, wo ich bin — im Himmel, in der Hölle oder „im finsteren Tal" — habe ich Zugang zur Allgegenwart, zur Allwissenheit und Allmacht, der Macht Selbst, Zugang zu der notwendigen Weisheit, Kraft und Stärke, die mir die Lösung bringt oder mir vorangeht, die „Wohnungen zu bereiten" und „das Krumme gerad" zu machen.*

*Ich kann mich nun der göttlichen Gnade anvertrauen. Diese Gnade löst meine Probleme, wie sie auch heißen und beschaffen sein mögen, da in der Gegenwart dieser göttlichen Gnade nichts Zwiespältiges bestehen kann.*

Es ist gleichgültig, ob das, was angeblich zugegen ist, körperliche Krankheit, geistige, moralische oder finanzielle Krankheit ist, oder kranke menschliche Beziehungen —, in der Gegenwart Gottes existiert das nicht. In der Gegenwart dieser göttlichen *Gnade* wird es aufgelöst, verwandelt und anstelle der Erscheinung der Schlangen sehen wir Zweige, wie sie immer dort waren.* Sollten dort Schlangen sein, so sehen wir uns nicht giftigen, sondern harmlosen, freundlichen Schlangen gegenüber. In dem Maße, in dem wir jenes Bewußtsein erlangen, legen sich sogar der Löwe und die Schafe zusammen nieder.

Die Antwort für jedwede Schwierigkeit liegt in der Erkenntnis, daß jenes transzendente Bewußtsein mein Bewußtsein ist und deins. Es ist näher als der Atem, denn Gott ist stets zugängliche *Allgegenwart.* Gott ist unser Bewußtsein selbst, und zu Ihm haben wir Zugang, indem wir uns nach innen wen-

* Vgl. den 53.Lehrbrief („Kein Und"), *Der Weg zur Verwirklichung.* Jahrgang V, Heft 4, April 1964.

den. Auf dem Erdboden, in der Luft, unter Wasser oder auf ihm haben wir Zugang zur *Unendlichkeit* zur unendlichen *Gnade*, der Gabe Gottes. Und vergessen wir nie, die Gabe Gottes ist niemals eine Person, eine Sache oder ein Umstand; die Gabe Gottes ist immer *Er Selbst, Bewußtsein.*

### *Die Gnade nimmt Gestalt an*

Gott hat uns *Sein* göttliches *Bewußtsein* geschenkt und dadurch, daß wir mit Ihm in Verbindung sind, wird Es das Brot, die Speise, der Wein, das Wasser. Die göttliche *Gnade* erscheint dann als „eine Wolke" bei Tag und als „eine Feuersäule" bei Nacht *, wenn das für uns erforderlich ist. Die göttliche Gnade vermag auch als unsere Netze, die sich füllen, zu erscheinen, selbst wenn unmittelbar davor die See jeglicher Fische bar zu sein schien. Die göttliche Gnade gibt uns nichts oder stellt irgendetwas für uns her: Sie erscheint *als* ... Es ist niemals so, daß die göttliche Gnade uns etwas schickt oder schenkt, sondern *Sie Selbst nimmt Gestalt an* als das, wessen wir im täglichen Leben bedürfen.

Sich im Bewußtsein vom irdischen Menschen, der gänzlich auf sich selbst beschränkt ist, sowohl geistig, wie auch physisch und finanziell — zu dem Menschen, der das Sein in Christus hat, wandeln, bedeutet die folgende Wahrheit erkennen:

*„Ich und der Vater sind eins". Auf Grund dieses Einsseins vermag ich mich nach innen zu wenden an den Rebstock, Christus, den Geist Gottes, der in mir ist, die unendliche Intelligenz des Alls — Allwissenheit, Allgegenwart, Allmacht — und*

* Vgl. Joh. 10:30; 1.Joh. 4:20; Matth. 25:40; Joh. 18:36; Röm. 8:17; Psalm 23:4; Joh. 14:2; Jes. 45:2; 2.Mose 13:21

*gewahr zu werden, daß diese göttliche Gnade mein Leben lebt und ich als Zuschauer die Herrlichkeit Gottes auf Erden betrachte.*

*Es ist die Herrlichkeit Gottes, die als meine Seele, mein Körper und Geist in Erscheinung tritt, die sich als Frucht, Harmonie, Erfolg und Fülle meines Lebens einstellt. Für mich selbst, getrennt und geschieden von dieser göttlichen Gnade, bin ich nichts — nicht mehr als ein welkender Zweig, der vom Baum abgehauen wurde.*

*Nachdem ich aber im Bewußtsein mit Gott und Mensch versöhnt bin, besitze ich nun die Fülle und Ganzheit und lebe durch die Gnade Gottes mit Zugang zu allem, was Gott ist und allem, was Er hat. Alles Gute, was in mir, durch mich und als mich wirkt, all dieses Gute ist die Herrlichkeit Gottes, die Sich Selbst offenbart. Wenn ich in diesem Geist Gottes weile und Ihn in mir wohnen lasse, erkenne ich stets, daß jenes transzendente Sein, wenn auch unsichtbar, in mir ist, zu dem ich auf ewig Zugang habe.*

*Ich bin eins mit dem Urquell, und in dieser Einheit bin ich eins mit der menschlichen, tierischen, pflanzlichen und mineralischen Welt und den Welten jenseits davon. Ich bin eins mit dem Bewußtsein eines jeden Gotteskindes, das je vom Urbeginn an existierte und bis zum Ende der Zeiten existieren wird.*

*Ich bin mit der göttlichen Intelligenz der Vergangenheit, Gegenwart und Zukunft vereinigt. Kein geistiges Geheimnis ist vor mir verborgen — selbst nicht solche Geheimnisse, die dem unbekannten Krishna vor Tausenden von Jahren bekannt waren oder die den Buddhas und Christusverkörperungen noch nach zehntausend Jahren bekannt sein werden; denn wir sind im unendlichen göttlichen Bewußtsein vereint, welches das Bewußtsein der ganzen Menschheit auf unserem und jedem anderen Planeten ist, auf dem das göttliche Bewußtsein wirksam ist.*

*Das bedeutet Allgegenwart: Allgegenwart jetzt, Allgegenwart dessen, was wir Vergangenheit nennen, und Allgegenwart der sogenannten Zukunft. Ich lebe jetzt in dieser Allgegenwart. Ich bin jetzt im Bewußtsein all derer, die je gelebt haben, jetzt leben und je im göttlichen Bewußtsein leben werden, denn wir sind eins. Jenes unendliche Bewußtsein Gottes, das Bewußtsein der Vergangenheit, Gegenwart und Zukunft, ist in diesem Augenblick mein Bewußtsein.*

## *Einheit, eine universelle Wahrheit*

Ungeachtet unseres gegenwärtigen Zustands in Bezug auf Sünde, Krankheit, Not oder Abhängigkeit haben wir dennoch Zugang zur *Unendlichkeit* durch unser eigenes Bewußtsein, da das Transzendente, Übersinnliche bei uns gegenwärtig ist und die Erkenntnis dieser Wahrheit uns sogleich zu befreien beginnt.

Wenn sich uns geistige Weisheit offenbart, so wird uns ziemlich rasch klar, daß alles, was für uns Geltung hat, auch für jeden anderen Menschen — Mann, Frau, Kind — in der ganzen Welt gelten muß. Handelt es sich doch um eine universelle Wahrheit, da es ja unmöglich ist, die *Unendlichkeit* oder *Ewigkeit* auf die Person zu beziehen. Deshalb muß man begreifen, daß diese Wahrheit, die uns über unsere Identität und unsern Zugang zu Unendlichkeit, Allgegenwart, Allwissenheit und Allmacht offenbart wurde, eine allgemeingültige, universelle Wahrheit ist. Das bedeutet, daß wir untereinander und mit der ganzen Menschheit ausgesöhnt sind. Dies zu erkennen und anzuerkennen heißt — beten. Seiner auf allen unseren Wegen zu gedenken — das heißt beten.

Auf diese Weise werden wir zu unseres Bruders Hüter. Wenn wir auch nur einen Bruder aus dieser geistigen Familie ausschließen, so enteignen wir damit einen Teil vom Weltall Gottes. Keine Wahrheit, die uns im Innern offenbart wird, ist jemals für uns allein bestimmt; sondern stets dafür, daß die Gnade Gottes durch uns hindurch zu jenen gelange, die uns um dieses Lichtes willen zugeführt werden. Die Frucht strömt auf uns zu, auf daß wir sie mit allen, die nach ihr verlangen, teilen. Und deshalb muß jegliche Wahrheit, die als eine Wahrheit unseres eigenen Seins erkannt wird, mit der ganzen Welt in Stille und Verschwiegenheit geteilt werden, ohne daß wir von ihr reden, wenn wir nicht dazu aufgerufen sind. In der Stille und Verschwiegenheit öffnen wir unser Bewußtsein, wenn uns eine Wahrheit im Innern offenbart wird, und lassen die Welt herein in der Erkenntnis, daß dies die universelle Wahrheit über die ganze Menschheit ist, über die ganze Welt: die vergangene, gegenwärtige und noch kommende Welt.

## *Den Urquell der Weisheit anzapfen*

Was für ein Unterschied besteht doch zwischen dem irdischen Menschen, der sich nur auf seinen eigenen Geist und seine eigenen Erfahrungen verlassen kann, und dem Menschen, der Zugang zum Christusbewußtsein und dem geistigen Wissen der Heiligen und Weisen aller Zeiten hat! Wir sind eins mit ebendemselben *Bewußtsein* und haben Zugang zu jener ganzen geistigen Weisheit, weil wir mit dem göttlichen *Bewußtsein*, welches ihr und unser individuelles *Bewußtsein* ist und das all derer, die der geistigen Weisheit noch in tausend Jahren Ausdruck verleihen werden, versöhnt sind. Dasselbe *Bewußtsein*, das aus ihnen sprechen wird, ist das *Bewußtsein*, das Sich durch uns äußert, wenn wir umkehren und durch die *Gnade* leben anstatt durch „Macht oder Stärke".

Dies ist die Bedeutung vom Leben durch Christus. Christus, d. h. die Rebe oder der Geist Gottes, ist ebenso der Geist Gottes derer in Vergangenheit, Gegenwart und Zukunft. Von der Gnade Gottes leben, heißt von der Weisheit, die jemals erkannt wurde, erkannt wird und erkannt werden wird, leben.

Das Bewußtsein all jener geistigen Leuchten, der großen Erfinder, Komponisten und Schriftsteller, ist dasselbe *Bewußtsein*, das auf Erden erschienen ist und erscheinen wird und das hier und jetzt für uns zugänglich ist. Durch unser individuelles Bewußtsein haben wir Verbindung mit dem unendlichen *Bewußtsein*, und das schließt nicht allein geistige Weisheit ein, sondern das gesamte Wissen der Jahrhunderte: das kaufmännische, wirtschaftliche und künstlerische.

Hinter jedem Einzelmenschen, der je geistige Wahrheit empfangen hat — eine Erfindung oder irgendwelche schöpferische Musik oder bildende Kunst —, steht jenes eine unendliche *Bewußtsein*, dessen Ursprung es ist. Wenn der Mensch das anzapft, so hat er Zugang zu jeglichem Wissen, das aus jener einen *Quelle* fließt. Das Bewußtsein des einzelnen Menschen ist unendlich, und er braucht sich nur zurückzuziehen, in sein Bewußtsein einzutreten und vermag dann die Unendlichkeit hervorzubringen. Wer das tut, wird vielleicht Aufsehen erregende Erfindungen machen, aber — und das kann ich nicht ausdrücklich genug betonen — es gibt keine bessere Möglichkeit, es wieder zu verlieren, als darüber zu reden; denn niemand wird es glauben außer denen, die selbst schon soweit gekommen waren.

„Mein Einssein mit Gott ist mein Einssein mit allem geistigen Sein und mit jedem geistigen Gedanken oder Faktum." * Dies läßt sich nicht durch Zeit, Umfang oder Ort beschränken. Ist es nun nicht klar, daß dies alles allein durch Innenschau, Nachsinnen, Betrachten und Meditieren geschehen kann, d. h. durch alles, was die Aufmerksamkeit von der Außenwelt abzieht und auf jenes *Zentrum* in uns konzentriert? Das Wirken der Gnade führt uns zu diesem *Zentrum*, diesem *Bewußtseinsbereich* im Innern und läßt den Strom hervorquellen:

*Tritt in das Heiligtum ein; schließe die Tür der fünf Sinne und höre Mir zu. Sucht Mich, unendliches göttliches Sein, und ich will euch zu „Menschenfischern" machen. Kein Mensch vermag das, Ich aber werde es tun, jenes Ich, das das Ich eures inneren Seins ist. Ich werde euch zu „Menschenfischern" machen. Ich werde euch einen Weg weisen; Ich werde euch vorangehen und eure Wohnungen bereiten. Ich werde euch nie verlassen noch versäumen.*

Wir sehen nun, daß wir zum Bereich des *Ich* zurückgeführt werden, und dieses *Ich* ist das Manna, das durch dieselbe göttliche Gnade hervorquillt, welche auch die Erde mit Menschen, Tieren, Pflanzen und Gesteinen erfüllt und jedem einzelnen Wesen seinen Sinn und Zweck verleiht!

## *Träger des Lichts*

Wenn wir dieses Grundprinzip, daß das göttliche *Bewußtsein* unser individuelles Bewußtsein ist, heilig und geheim hal-

* Vgl. das Buch von Joel S. Goldsmith: „Conscious Union with God", New York, 1962, S. 230. — Deutsche Ausgabe in Vorbereitung im Heinrich Schwab Verlag, Schopfheim.-

ten und es gewissenhaft in die Tat umsetzen, werden sich Wunder in unserem Leben ereignen, die wir selbst niemals für möglich gehalten hätten. Wie das vor sich geht, ist uns rätselhaft; und weil es oft auf so natürliche Weise geschieht, bemerken wir nicht, daß es durch eine göttliche *Gnade* bewirkt wurde. Wenn wir uns indessen auf die göttliche Gnade einstellen, werden wir sehen, wie unendlich es sein kann. Wir werden feststellen, daß es nicht auf uns beschränkt ist — es ist allein beschränkt auf die Gnade Gottes und auf unser Aufnahmevermögen. Daraufhin wird die Welt durch unser Beispiel, durch unser Licht, jenes *Licht* suchen. Und sie wird Es finden, denn es handelt sich ja um eine universelle Wahrheit.

Wieweit sich die *Unendlichkeit* in unserem Leben offenbart, hängt davon ab, inwieweit wir ein solches Prinzip anwenden — es niemals zeigen, nie davon sprechen oder andere darüber belehren wollen, bis wir so bewußt mit ihm eins sind, daß es überfließt. Man könnte sich durchaus beliebt machen, wenn man dieses Grundprinzip andern beibringen würde und sie in dem Glauben ließe, daß es ihnen nützte und sie große Dinge erleben würden. Damit jedoch führte man sie in die Irre, denn die Gnade Gottes läßt sich nicht auf einen einzigen Menschen beschränken.

Wir sind das Instrument, mit dessen Hilfe die Botschaft eintrifft. Sie segnet uns; ihre größte Segnung besteht indessen darin, daß andere den Weg zu uns finden. Dann wird sie zu einer universellen Wahrheit, zum Segen für die ganze Welt. Möglicherweise verursacht dies eine Umstellung in unserem Leben; ein Geschäftsmann muß vielleicht feststellen, daß er seinem Geschäft nicht mehr so viel Zeit widmen kann, und eine Hausfrau ihrem Haushalt. Immer mehr bemerken wir indessen, daß wir in einen allesumfassenden Plan miteinbezogen werden. Der *Meister* — womit ich keinen Menschen meine, sondern den *Geist Gottes* im Innern — sagt: „Folget mir nach; ich will euch zu Menschenfischern machen," und wir werden aus unserem kleinen Fischerdasein herausgeholt zu einer Tätigkeit, durch die jene *Gnade*, die wir entdeckt haben, die ganze Welt zu segnen vermag.

Sowie wir beweisen, daß das unendliche *Bewußtsein* unseres Weltalls unser individuelles Bewußtsein ist und daß wir Zugang zu diesem *Bewußtsein* haben, welches existiert, immer dagewesen ist und immer bleiben wird, sind wir als „Menschenfischer" aufgerufen, um für die Welt ein Licht zu sein. Licht sucht sich keinen bestimmten Ort, an dem es scheinen könnte. So wie die Sonne, die fest im Himmel steht, so scheint das Licht und läßt die übrige Welt zu sich kommen. Ebenso halten wir, wenn wir in gewisser Weise zum Licht geworden sind, das fest, was wir heilig und im Geheimen empfangen haben, bis die Welt an unsere Türe kommt.

Das ganze Grundprinzip des geistigen Lebens besteht darin, daß wir durch unser eigenes Bewußtsein Zugang zum *Unendlichen* haben und daß wir uns oft genug nach innen wenden, um die Fülle herausströmen zu lassen, wobei wir uns davor hüten müssen, Sie mit einer Person in Verbindung zu bringen und zu glauben, wir seien „gut" oder „geistig" geworden. Wir sind durchlässig geworden oder zu einem Werkzeug für eine unendliche universelle *Gnade*. Sowie wir Sie mit einer Person identifizieren, drosseln wir Sie oder stellen Sie ab; jedoch können wir Ihr Wirken verstärken, wenn wir Sie als eine unendliche Gnade erkennen, die allumfassend wirkt. Dadurch werden wir nicht verherrlicht, sondern vielmehr veranlaßt, still zu sein und wie ein Baum die Herrlichkeit Gottes hervorzubringen. Alles andere würde nur das Ego mästen, und das Ego muß so vollständig „sterben", wie der Ast am Baum, der glaubt, aus sich selbst etwas zu sein. So geschieht es, daß wir mit Gott versöhnt werden und Erfüllung finden.

### *Die Gnade, das verborgene Manna*

Wie wundervoll ist es, mit Gott versöhnt zu sein und dadurch mit der Weisheit von Jahrhunderten! Wie wundervoll ist es, mit Gott versöhnt zu sein, mit Gott als der *Allgegenwart* — Emanuel, und zu wissen, daß Gott mit uns ist als *Gegenwart*, als *Allwissenheit*, *All-Weisheit* und *All-Macht*!

*Durch Erfassen und Verwirklichen der Allgegenwart, der Allwissenheit und Allmacht kann keine Waffe, die gegen uns erhoben wird, sei sie nun geistiger oder physischer Natur, etwas ausrichten. Keines der Übel menschlicher Vorstellung wird meinem Wohnsitz nahekommen, wenn ich in Gott lebe und wohne.*

*„Wohin soll ich fliehen vor Deinem Angesicht?" Deine Gnade ist bei mir, Deine Gnade ist mein heutiges Manna.*

Die Gnade Gottes ist unser Manna, und da sie allgegenwärtig ist, ist unser Manna stets für uns bereit. Diese göttliche Gnade, die als Manna hervorquillt, erscheint in der Form, die in dem bestimmten Augenblick notwendig ist, sogar bis zur Öffnung des Roten Meeres oder als unsere Nahrung, wenn wir auf dem Ozean treiben oder uns in der Wüste verirrt haben.

Die Überzeugung, daß die Gnade Gottes als Manna erscheint, ist die Wahrheit, die wir erkennen müssen, auf daß sie uns frei macht. Allein durch die Gnade Gottes sind wir frei. Durch die göttliche Gnade empfangen wir Manna, auf daß wir geistig, moralisch, physisch oder finanziell frei werden; nicht frei von etwas, sondern frei in der *Gnade*, frei durch *Gnade*.

„Der Mensch lebt nicht vom Brot allein." * Das Brot ist notwendig, aber das Brot ist Manna, und Manna wird von der geistigen, göttlichen, allgegenwärtigen *Gnade* geschaffen. Diese Wahrheit zu erkennen und anzuerkennen, in ihr zu leben, in diesem *Wort* zu verweilen, ist die Versöhnung, und die göttliche *Gnade* schenkt uns das Manna, welches die Erfüllung ist.

Wenn wir aber nur einen Augenblick lang vergessen, daß dies alles hier ist, wo wir jetzt sind, dann erwarten wir es in der Zukunft, und damit verlieren wir es. Lassen wir uns nie dazu verleiten, daß wir auch nur einen Augenblick glauben, wir würden die Gnade Gottes morgen empfangen. Glauben wir nur ja niemals, unser Schüler oder Patient würde die göttliche Gnade empfangen, nachdem wir ihn behandelt hätten, gebetet oder meditiert. Das Gebet, die Meditation oder Behandlung ist die Erkenntnis, daß die göttliche Gnade als Manna auf allgegenwärtige, allwissende, allmächtige Weise wirkt.

Unsere Weisheit besteht darin, daß wir wissen: wer sich an uns wendet, steht bereits unter der Gnade Gottes — nicht daß unser Gebet diese Gnade erst begründete. Unser Gebet ist die Anerkennung der Allgegenwart der göttlichen Gnade, so daß die *Gnade*, die unsern Schüler oder Patienten umgab, ehe die Welt existierte, nun sichtbare Form annimmt, weil wir diese Wahrheit erkennen, weil wir beten, meditieren oder behandeln. Sie war immer da, aber die Menschheit trennte sich von ihr, und alles, was wir jetzt tun, ist anerkennen, daß wir im Grunde niemals ganz von ihr losgelöst waren, wir hatten nur die Vorstellung, daß wir von dem *Urquell* getrennt seien. Kein Mensch aber war je von dem *Quellgrund* losgelöst, trotz seiner

* Vgl. Matth. 4:19; Psalm 139:7; Matth. 4:4.

Sünden, Krankheiten und selbst des Todes. Weder Leben noch Tod können uns von dieser Gnade Gottes scheiden.

Wir selbst wären nichts ohne die Gnade Gottes. Durch die Gnade Gottes werden wir ja erst die Allgegenwart, Allmacht und Allwissenheit gewahr und daß wir Zugang haben zu der Weisheit der Welt, der Weisheit aller Zeiten und Orte.

Bleibe in Christus. Sei jener Mensch, der das Sein in *Christus* hat, der von der *Gnade* lebt. Beschreite diese Welt nur zu dem einen Zweck: die Herrlichkeit Gottes zu bezeugen.

*10. Kapitel*

# »Wählet«

Nur das, was als Tätigkeit unseres Bewußtseins wirkt, hat eine Wirkung auf unser Leben. Solange wir, als bloß menschliche Wesen, die Wahrheit nicht kennen, wirkt in unserem Bewußtsein eine Mischung verschiedener Dinge: Vorstellungen, Theorien, Verbote, Unwissenheit und Aberglauben unserer Eltern, Großeltern, Urgroßeltern, sowie vorgeburtliche Einflüsse. Alles, was von Geburt an unserem Bewußtsein eingeprägt wurde — daheim, in der Schule, bei unseren Nachbarn — und später das, was wir in der Welt draußen durch eigene Erfahrungen aufnahmen, wirkt in unserem Bewußtsein zum Guten oder zum Bösen oder zu einer Mischung von beidem und macht aus unserem Leben das, was es ist.

All diese Dinge wirken in uns, auch wenn wir mit Bewußtsein gar nicht für sie verantwortlich sind. Bis dahin waren wir nichts als ein Opfer oder ein Nutznießer unserer Umwelt. Wuchsen wir in einem guten, harmonischen Leben auf, oder waren unsere Erfahrungen disharmonisch, unerfreulich oder schlecht — wir waren die Nutznießer oder Opfer der Einflüsse unseres Elternhauses, unserer Schule, unserer Vorfahren, sowie auch vergangener und vorgeburtlicher Erlebnisse. Unser Leben ist eine Mischung von beidem; wir waren beides,

Opfer und Nutznießer; persönlich aber hatten wir keine Wahl. Wir persönlich waren nicht Herr über unser Leben; wir konnten es nicht persönlich bestimmen.

### *Wir haben die Wahl, wie wir unser Leben gestalten wollen*

In bezug auf die Vergangenheit können wir nichts anderes tun, als sie vergessen. In bezug auf die Gegenwart und die Zukunft aber gibt es viel, was wir tun können. Denn wenn wir an eine geistige oder metaphysische Botschaft gelangen und die von uns befolgte Lehre ernst nehmen, die Wahrheit bewußt aufnehmen, fangen wir an, unser Leben zu gestalten und bestimmen damit, wie unsere Zukunft sein wird.

Es gab eine Zeit, da gelehrt wurde, daß die Kinder vier Generationen lang für die Sünden der Eltern zu büßen hätten. Etwa zweihundert Jahre nach dieser Feststellung entdeckte man, daß dies nicht stimmt, daß es kein solches Gesetz der Vererbung gebe, sondern daß jeder Mensch sein Leben durch seine eigene Lebensführung und seine Gedanken harmonisch gestalte oder es durch seine Irrtümer verderbe. Jeder Mensch war also für sein eigenes Leben verantwortlich und konnte seine Vorfahren nicht mehr dafür verantwortlich machen.

Oh ja! Dies aber stimmt nur teilweise. Es gilt nur, wenn wir in unserem Leben dorthin geführt werden, wo wir erfahren, daß wir bestimmen können, ob wir unser Leben richtig und harmonisch führen oder uns mit seinen Unstimmigkeiten und Disharmonien abfinden wollen, daß wir das Recht haben zu wählen, ob wir unser Leben durch vorgeburtliche Einflüsse, frühkindliche und spätere persönliche Erlebnisse bestimmen lassen oder nun anfangen wollen, uns umzustellen und die Wahrheit zu erkennen, die uns frei macht.

„Erwählet euch heute, wem ihr dienen wollt", Gott oder dem Mammon. Es ist dies kein Zitat und keine Feststellung, es ist ein Befehl, und wer ihn liest oder ausspricht, verlangt auch, daß gehandelt wird.

„Ihr könnt nicht Gott dienen und dem Mammon." Wenn wir dies lesen, können wir es nicht übergehen. Wir müssen stille werden, bis wir den Sinn dieser Worte begreifen. Es ist ein Befehl, der uns zu wählen gebietet. Was für eine Wahl sollen wir treffen? Ob wir Gott dienen wollen oder dem Mammon. Wie aber können wir wählen, wenn wir den Unterschied zwischen Gott dienen und dem Mammon dienen nicht kennen?

Die Lehre Jesu von den zwei Welten — „Mein Reich" und „diese Welt" — hebt den Unterschied deutlich hervor. Indem der *Meister* sagt: „Mein Reich ist nicht von dieser Welt" erklärt er uns, daß „diese Welt" keine Beziehung zu „Mein Reich" hat. Wir werden aufgefordert zu wählen, ob wir „dieser Welt" oder „Meinem Reich" dienen wollen, ob wir in „dieser Welt" oder in „Meinem Reich" leben wollen. Dies bedeutet nicht, daß wir den einen Ort verlassen, um an einem anderen zu leben; es bedeutet nicht zu sterben, um in den Himmel zu kommen.

Der *Meister* betete: „Ich bitte nicht, daß du sie von der Welt nehmest, sondern daß du sie bewahrest vor dem Uebel. Sie sind nicht von der Welt, gleich wie auch ich nicht von der Welt bin" * . So bedeutet denn Wählen nicht, in einen Ashram, auf einen Bergesgipfel oder an ein Seegestade gehen und seine Familie und die Welt verlassen. Das bedeutet es nicht. Es bedeutet, in dieser Welt zu bleiben, sich aber nicht von ihren Versuchungen, ihrer Schlechtigkeit oder ihren Beschränkungen berühren zu lassen.

* Vgl. Josua 24:15; Matth. 6:24; Joh. 18:36; Joh. 17:15.

## *Wie weit wollen wir uns hingeben, um das Christusbewußtsein zu erlangen?*

Wenn wir zu einer Botschaft dieser Art gelangen, müssen wir uns klar darüber sein, daß alles, was wir in unser Bewußtsein aufnehmen, zu einem entscheidenden Faktor in unserem Leben wird. Mit anderen Worten: wir allein bestimmen, wie weit wir das Christusbewußtsein erlangen werden. Wenn wir der Wahrheit am Sonntag eine Stunde widmen, wird uns dies sicher bis zu einem gewissen Grade nützen. Entschließen wir uns, der Wahrheit täglich eine Stunde zu widmen, so werden wir entsprechend mehr Gewinn davon haben. Beschließen wir, täglich in jeder Stunde einmal die Wahrheit unser Bewußtsein durchdringen zu lassen, so wird unser Leben um so fruchtbarer sein.

Ein mit Wahrheit erfülltes Bewußtsein zeigt sich in der Harmonie des täglichen Lebens; ein teilweise mit Wahrheit erfülltes Bewußtsein wird ebenfalls in entsprechendem Maße sichtbar. So lautet denn unser Grundprinzip stets, daß die Wahrheit, die wir in unserem Bewußtsein tragen oder die wir bewußt erkennen, das Maß von Harmonie bestimmt, das wir in unserem Leben zu erwarten haben. Ein mit Wahrheit durchtränktes Bewußtsein wird zu einem Gesetz der Harmonie nicht nur für uns, sondern auch für die, die mit uns in Berührung kommen. Wir können nicht das Licht der Welt sein und dieses Licht unter einem Scheffel verborgen halten. Wenn wir das Licht der Welt sind, so sieht die Welt dieses Licht und wird aus ihm Nutzen ziehen. Wir können das Licht jedoch nur insofern sein, als wir die Wahrheit kennen und sie bewußt in unserem Bewußtsein verwirklichen.

## *Der einzig rechtmäßige Grund, zu Gott zu gehen, ist Gott selber*

In unserer Welt gilt das Bekommen, Erreichen, Vollbringen, Kämpfen, Streben. Sie ist eine Welt der Macht, eine Welt der zwei Mächte. Wir haben diese Welt freilich bis zu einem gewissen Grade hinter uns gelassen, wenn wir erkannt haben, daß das Leben nicht mit Hilfe von Gewalt, Macht oder Kampf geführt werden muß, sondern daß es durch *Gnade* gelebt werden kann. So sind wir denn auf diesem Wege, um auf ihm weiterzukommen und diese Gnade in möglichst hohem Maße zu erleben.

Die Welt sucht Gott zu einem Zweck: zur Erlangung körperlicher Heilung, geistiger, moralischer oder finanzieller Heilung. Unglücklicherweise haben viele diese Idee, Gott zu gebrauchen, in ihr metaphysisches Leben mit hinübergenommen und geglaubt, sie könnten um gewisser *Dinge* willen zu Gott gehen. Wir können im geistigen Leben keine Frucht ernten, ehe wir nicht über dieses Stadium hinausgelangt sind und erkannt haben, daß um irgend etwas, selbst um einer Heilung willen, zu Gott zu gehen, eine Sünde ist, ein Hindernis für unseren geistigen Fortschritt; denn es gibt nur einen Grund, zu Gott zu gehen: „. . . am ersten nach dem Reiche Gottes zu trachten."

Der *Meister* hat in all seinen Lehren nie einen anderen Grund, zu Gott zu gehen, erwähnt als „. . . am ersten nach dem Reiche Gottes und nach seiner Gerechtigkeit" zu trachten; dann wird euch „solches alles zufallen." So verlassen wir, die wir auf dem „Weg zur Verwirklichung" sind, in gewissem Sinne diese Welt, indem wir nicht um der *Din*ge willen zu Gott gehen. Wir gehen nicht zu Gott, um Gesundheit, Versorgung, Sicherheit oder Schutz zu erlangen; wir gehen nur aus einem einzigen Grunde zu Ihm: um in Sein Reich einzugehen und Gott-Verwirklichung zu erlangen.

Gott zu kennen bedeutet so viel wie ewiger Gesundheit und einer Unendlichkeit von Wohlstand, Harmonie, Frieden, Freude und Überlegenheit versichert zu sein. Haben wir aber ein anderes Ziel als Gotteserkenntnis, als das Suchen nach der Verwirklichung des Reiches Gottes und Seiner Gerechtigkeit, so setzen wir ein Hindernis zwischen uns und unsere letztliche Harmonie.

### *Wählen wir, ob wir Gott zum Diener machen oder uns seinem Willen unterordnen wollen*

Wir haben zu wählen, ob wir wünschen, daß Gott unseren Willen tue und uns mit dem versorge, was wir als nötig erachten, oder ob wir in den geistigen Bereich des Lebens gelangen und unseren Willen Gott unterordnen wollen.

*Doch nicht mein, sondern „dein Wille geschehe" in mir. Deine Gnade ist mein Genügen — nicht das, von dem ich dir sage, daß ich es brauche oder mir wünsche. Ich übergebe dir meine Bedürfnisse und Wünsche und nehme Deine Gnade an.*

*Vater, Allwissender in meinem Innern, versorge mich nach Deiner Gnade und Deiner Weisheit.*

Wenn wir diese Haltung einnehmen, werden wir den *Meister* im Innern vernehmen: „'Meinen Frieden gebe ich euch. Nicht gebe ich euch, wie die Welt gibt,' nicht wie du glaubst, daß du ihn brauchst oder ihn dir wünschst, sondern *Meinen* Frieden, göttlichen Frieden, den Frieden, der Weisheit und Liebe ist, den Frieden, der dich nicht enttäuscht und dem es weder an Quantität noch an Qualität gebricht — *Meinen* Frieden, unendlichen, göttlichen Frieden, den Frieden, der höher ist als alle Vernunft."

Wir wollen nun Gott als *Allweisheit*, als das *All-wissende* erkennen und verwirklichen; wir bitten um nichts, wir suchen nichts, sondern verweilen in uns und erwarten die Gnade Gottes, Seine Liebe, Seinen Frieden, Seine Fülle und daß Er bei uns sei. Könnten wir irgendeinen anderen Umgang haben wollen als denjenigen Gottes? Wenn wir Diese haben, erscheint Er äußerlich als der richtige menschliche Umgang. Wenn wir die Fülle Gottes haben, erscheint Sie äußerlich als unendliche Form, die uns segnet, ohne uns zu fluchen. Wir brauchen uns nicht darum zu kümmern. Unser Geist braucht nicht zu arbeiten, denn wir wenden uns nach innen, nur um empfangsbereit zu werden für die Segnung der göttlichen Gnade.

Wählen wir heute, ob wir einer Welt angehören und uns selbst für menschliche Wesen halten wollen, die sich für ihren täglichen Bedarf an Gott wenden, oder ob wir uns als das Kind Gottes betrachten, daß den ganzen göttlichen Reichtum erbt. Wählen wir jetzt, und wenn wir uns entschließen, das Kind Gottes zu sein, beten wir nie mehr um etwas anderes, als daß *Sein Geist* über uns sei, daß Seine Gnade in uns verwirklicht werde — nicht daß Gott etwas für uns tue, sondern daß wir zu Seiner Gegenwart erwachen.

### *Wählen wir, ob wir dem Guten und dem Bösen oder der Allmacht dienen wollen*

Wir sind aufgefordert zu wählen, ob wir zwei Mächte anerkennen oder in der *Allmacht* ruhen wollen. Da Gott Allmacht ist, gibt es keine andere Macht, also ist das Böse keine Macht in der Gegenwart Gottes. Sünde ist keine Macht in der Gegenwart Gottes; die Krankheit ist keine Macht in der Gegenwart Gottes; Depression, Arbeitslosigkeit, Not — all dies ist keine Macht in der göttlichen Gegenwart.

Weil Gott allmächtig ist, die All-Macht, suchen wir seine Macht nie und unter keinen Umständen, um irgendeiner Sache willen. Wir brauchen sie nicht. Wenn wir die Allmacht haben, gibt es keine andere Macht. Wir machen allerdings keine leere Aussage, daß das Böse keine Macht sei, daß Sünde, Krankheit oder Not keine Macht seien. Wir sagen, daß das Böse *in der Gegenwart Gottes* keine Macht sei, daß der Irrtum *in der Gegenwart Gottes* nicht existiere, handle es sich um Wetter, Nahrung, Gift, Kugeln oder Bomben. Nichts von alledem hat Macht *in der Gegenwart Gottes.*

Es ist wahr, daß der Irrtum in der materiell aufgefaßten Welt Macht hat. In der Gegenwart des Christus aber hat er keine Macht, ob es sich nun um Bazillen, Bomben, Angst oder irgend etwas anderes handelt. *In der Gegenwart des Allmächtigen* gibt es keine anderen Mächte. Es kann nicht eine Allmacht geben und außerdem noch andere Mächte! Diese Allmacht ist überall gegenwärtig. Gerade da, wo wir sind, — auf der Straße, beim Ehebruch, krank oder am Kreuz — Gott ist mitten in uns.

Gott scheint ewig auf uns, in uns, durch uns, und es hat keinen Sinn, von Gott zu erwarten, daß er mehr Gott sei, als er schon ist. Gott ist schon allgegenwärtig, die *Allgegenwart*; Gott ist schon allmächtig, die *Allmacht;* Gott ist allwissend, der *Allwissende.* Gehen wir deshalb nicht um irgendeiner Sache willen zu Gott. Gehen wir in unser Inneres und erwachen wir — erwachen wir zu der Erkenntnis, daß Gott schon ist. Alles, was der Vater hat, erwartet unser Erwachen, unsere Aufnahme, unsere Verwirklichung.

*Erwählet die Allgegenwart zur einzigen Gegenwart*

Wenn wir noch nicht vom Geiste belehrt worden sind, kann es sein, daß wir unsere leere Brieftasche, unseren kranken Körper oder unseren sündigen Sinn betrachten und unseren Mangel feststellen. Würden wir aber in diesem Augenblick der Not erkennen, daß gerade jetzt das Gesetz der Liebe und des Lebens, das Gesetz Gottes in uns als *Allmacht*, *Allgegenwart* und *Allwissenheit* wirkt, so würden wir die Haltung eines Beobachters einnehmen, und nach Tagen, Wochen oder einigen Monaten würden die Sünden und Krankheiten unseren Körper verlassen, und unser Geist wäre nicht mehr unfruchtbar.

Bei allem, was wir in dieser Welt erleben, müssen wir uns bewußt sein, daß der *Geist Gottes* in uns wohnt, daß, wenn wir zum Himmel aufsteigen, Gott da ist, wenn wir zur Hölle fahren, Gott auch da ist, und daß, wenn wir gleich „wandern im finstern Tal“, Gott auch dort ist. Wir tragen Gott in uns, wo immer wir gehen.

*Das Reich Gottes ist in mir, die Allheit Gottes. Gott ist das schöpferische Prinzip meines Seins, das tragende und erhaltende Prinzip. Gott ist mein eigentliches Leben; daher bin ich unsterblich, und weder Leben noch Tod können mich von der Fürsorge Gottes scheiden. Ich stehe unter der Rechtsprechung Gottes. Ich bin untrennbar und unteilbar mit Gott verbunden, sei es auf dieser Ebene des Lebens, einer anderen oder einer vergangenen.*

Wenn wir dies bewußt in unserem Leben verkörpern, so kommt es in unserer täglichen Erfahrung zum Vorschein. Nehmen wir es nicht bewußt in uns auf, so kann die Wahrheit uns nicht frei machen. Frei wovon? Sind wir an igendeine Form der Not oder der Begrenzung gebunden? Sind wir in Unglück befangen? Leiden wir unter schlechter Gesundheit oder unter dem Alter? Dann leiden wir nur, weil wir die Wahrheit nicht bewußt erkennen, weil wir die Anerkennung der Gegenwart Gottes, der Macht Gottes in unserem Wesen nicht bewußt verkörpern, sowie die Allmacht Gottes, die als wir selber wirkt, und die Allgegenwart Gottes, da wo wir sind, nicht verwirklichen.

Gott verläßt uns nicht, wenn wir sündigen; die Anerkennung Gottes in uns aber entfernt die Sünden, weil dort, wo das Gottbewußtsein ist, die Sünde nicht wohnen kann; wo das Gottbewußtsein ist, kein Mangel herrschen kann. Nur die Menschen darben, die nicht in der stetigen Anerkennung der Allgegenwart Gottes leben.

Es können sehr religiöse Menschen in Not und Beschränkung geraten, weil sie nicht anerkennen, daß Gott in *ihrem* Innern lebt. Sie glauben, Gott sei im Innern eines Priesters, eines Pfarrers oder eines Heilers, aber sie erkennen Gott nicht in sich selbst. Es ist traurig genug, aber je religiöser ein Mensch anscheinend ist, desto eher ist er bereit, Gott in einem anderen anzuerkennen und desto mehr scheut er sich, Ihn in sich selbst zu sehen, als ob es etwas Unheiliges sei, die Gegenwart Gottes im eigenen Innern zu bestätigen. Und besteht denn nicht die ganze Lehre Jesu Christi darin, daß Gott in unserem Innern ist? Er sagte nicht: „im Innern aller Heiligen", er sagte: „in euch".

„Gedenke an ihn in allen deinen Wegen. So wird Er dich recht führen". Gedenke der Gegenwart Gottes in deinem Bewußtsein. Gedenke der Gegenwart Gottes in deiner Seele, deinem Geist, deinem Körper. Gedenke der Gegenwart Gottes in deinem Beruf, deiner Kunst, deiner schriftstellerischen Arbeit, deinen wissenschaftlichen Studien oder was deine Arbeit sonst ist. Gedenke daran, daß Gott der Ursprung ist.

### *Entschließen wir uns, keine Eigenschaften als die unseren zu betrachten*

Der *Meister* sagte: „Mein Reich ist nicht von dieser Welt." In dieser Welt glaubt der Mensch, daß er eigene Fähigkeiten und eine eigene Intelligenz besäße, und zuweilen denkt er recht hoch von seinen Gaben und Eigenschaften. Manchmal glaubt er, wohlwollend zu sein. Manchmal denkt er sogar, er sei geistig, und so mancher glaubt, er sei sehr moralisch. Dies alles sind sündige Annahmen.

Als der *Meister* sagte: „Was heißest du mich gut? Niemand ist gut denn der einige Gott", zeigte er deutlich, daß, wenn irgendeiner von uns eine gute Eigenschaft besitzt, es mit Sicherheit eine Eigenschaft Gottes ist, die durch ihn hindurchscheint. Aus uns selbst sind wir nicht gut, und was Gutes an uns ist, ist nichts anderes als die Gnade Gottes, die uns durchströmt. Was immer unser Leben aufweist an Güte, Wohlwollen, Tugend, Intelligenz oder irgendwelchen Fähigkeiten für geistige Gedanken ist die Gnade Gottes, die durch uns und als wir selbst zum Ausdruck kommt.

Wie wir uns nicht selber gut nennen, so sollen wir — einen Schritt weitergehend — uns aber auch nicht für böse halten. „Denn ich weiß nicht, was ich tue; denn ich tue nicht, das ich will, sondern was ich hasse, das tue ich . . . So tue nun ich dasselbe nicht, sondern die Sünde, die in mir wohnt." Paulus erkannte, daß die Möglichkeit zum Bösen nicht in ihm selber war, sondern in der „fleischlichen" Gesinnung, dem „Geist des Fleisches." Immer ist dieser „Geist des Fleisches" der Versucher. Was immer wir an Bösem erfahren: es ist die fleischliche Gesinnung, durch die wir versucht werden zu glauben, daß Gott abgesondert und getrennt von uns sei.

Ob das Böse nun in Form sündhafter Wünsche oder als Krankheit erscheint, — wir müssen lernen, es nicht als Teil unser selbst zu betrachten, sondern als eine Versuchung, an ein Sein oder eine Macht zu glauben, die von Gott getrennt seien. Wir sollen das Böse deshalb nicht mit uns selbst identifizieren, müssen aber darauf achten, daß wir dies auch nicht mit dem Guten tun. So wollen wir alles Gute als von Gott erkennen und uns selbst als das Mittel, durch welches Form und Eigenschaften des *Vaters* in Erscheinung treten.

Durch die Gnade Gottes können wir alles tun. Nichts, aber auch gar nichts, steht außerhalb des Möglichen, solange wir nicht irgendwelche Eigenschaften, Kräfte oder Gegebenheiten als unser eigen betrachten, sondern anerkennen, daß wir das Werkzeug sind, durch welches die Gnade Gottes wirkt.

Darin liegt die Wahl. Wir müssen uns dafür entscheiden, kein Zugang oder Ausgang für die fleischliche Gesinnung oder den „Geist des Fleisches" zu sein, von dem Paulus uns sagt, daß er „dem Gesetze Gottes nicht untertan ist, denn er vermag's auch nicht", ebensowenig aber „der natürliche Mensch", der nichts „vernimmt vom Geist Gottes; es ist ihm eine Torheit, und kann es nicht erkennen; denn er muß geistlich gerichtet sein." Entschließen wir uns, nicht dieser Mensch der Erde, sondern der Sohn Gottes zu sein.

### *Entschließen wir uns, ein Segen zu sein, wo immer wir hingehen*

Wenn wir die Menschen um uns herum betrachten, so wollen wir uns daran erinnern, daß wir ein Sohn Gottes sind und daß die göttliche Gnade, die uns dazu machte, jeden segnen möge, mit dem wir zusammenkommen. Wir wollen in unserem Bewußtsein ein „Schweig und verstumme" gegenüber allen Irrtümern dieser Welt tragen. Wenn wir in Ruhe daheim sind, so wollen wir empfinden, wie der Friede Gottes auf uns ruht sowie auf allen, die unser Bewußtsein umschließt. Wenn wir ein Hotel betreten, um uns einzuschreiben, oder ein Restaurant oder ein Flugzeug, so vergegenwärtigen wir uns, daß der Friede Gottes, der uns segnet, auch den Ort segnet, auf dem wir stehen. Wohin wir auch gehen, laßt uns den Frieden Gottes mitnehmen, denn er wurde uns nicht für uns selbst gegeben.

Wenn wir in „Mein Reich" eintreten und „Meinen Frieden" empfangen, so wissen wir nun, daß er uns nicht um unsertwillen geschenkt wurde. Stattdessen aber erkennen wir: „Es ist dies der Friede und die Gnade Gottes, die ich zu verschenken habe." Jesus Christus ist das Beispiel. Was tat Jesus Christus mit der Gnade Gottes, die auf ihm ruhte? Zog er sich an ein Seegestade oder auf einen Berg zurück, um dort damit allein zu sein? Oder zog er durch die Lande, um all den bekümmerten Seelen Frieden zu schenken, die zu ihm kamen?

Was tat Gautama Buddha, nachdem er unter dem Bodhibaum den Geist Gottes empfangen hatte? Er durchwanderte alsogleich Indien in seiner ganzen Länge und gründete Ashrams, Stätten, zu denen die Menschen kommen konnten, um geheilt und gesegnet zu werden.

Was tat Mose, nachdem er auf dem Berggipfel erlebt hatte, daß Gott zu ihm sprach und ihm den *Namen* enthüllte? Er kehrte augenblicklich nach Ägypten zurück und führte unter dem Einsatz seines Lebens und durch viele Mühsale die Juden aus der Sklaverei in die Freiheit.

Was tat Elia mit der Gnade Gottes, die ihm geschenkt wurde? Selbst während der Verfolgung wartete er auf die „sieben tausend in Israel: „alle Kniee, die sich nicht gebeuget haben vor Baal", so daß er zu ihnen zurückkehren und ihnen die

Gnade Gottes schenken konnte, die er empfangen hatte. Die Gnade Gottes hatte ihn ernährt, erhalten und getragen. Die Gnade Gottes ernährte und trug Jesus Christus in seiner Mission. Jeder, der jemals den Geist Gottes empfing, wurde auserwählt, Ihn auf irgendeine Weise weiterzugeben an alle, die dafür aufnahmefähig waren und darauf reagierten, in ihrer Gemeinde und ihrer Welt.

Achtundvierzig Stunden nach meinem ersten geistigen Erlebnis begann ich zu heilen. Der *Geist* war nicht mir zuliebe über mich gekommen, sondern auf daß Er durch mich andere erreiche; die Arbeit des Heilens wuchs in einem solchen Maße, daß ich nach achtzehn Monaten mein Geschäft aufgeben und meine volle Zeit dem Heilen widmen mußte. Warum? Weil es nicht beabsichtigt war, daß ich die Gnade Gottes und das Erlebnis der Berufung empfangen sollte, um für den Rest meiner Tage gesund, wohlhabend und weise zu sein, sondern um dadurch zum Instrument zu werden.

Die Apfelbäume, die Pfirsich- und die Birnbäume zehren ihre Früchte nicht selber auf. Sie werden durch das göttliche *Leben* ernährt und erhalten, ihre Früchte aber sind für die Welt bestimmt. So werden diejenigen, die an dieser Arbeit teilhaben, ernährt und erhalten; es wird aber wohl nur eines Körnchens *Geist* bedürfen, um sie zu erhalten; der Rest muß ausgegossen werden über alle, die empfänglich sind.

### *Entschließen wir uns, das geistig Erreichte für uns zu behalten*

Geistige Arbeit ist nicht nur etwas Heiliges, sondern auch etwas Geheimes. Wir verkünden nicht, daß wir zu der Erkenntnis gelangt sind, Kinder Gottes und Erben aller himmlischen Segnungen zu sein. Wir bewahren diese Erkenntnis heilig und verschwiegen in unserem eigenen Bewußtsein. Wir segnen die Menschen nicht dadurch, daß wir ihnen äußerlich und offen von Wahrheit reden, sondern indem wir in der Stille den Segen Gottes auf sie strömen lassen.

Wir wollen unsere Studien, ehe sich nicht eine Gottverwirklichung in uns einstellt, heilig halten und darüber verschwiegen sein. Das bloße Bücherlesen oder das Wissen um die Prinzipien gibt uns noch nichts, was wir mit der Welt teilen könnten. Wir haben der Welt wirklich nichts zu geben, ehe der *Geist Gottes* nicht auf uns ruht und wir berufen werden. Dann brauchen wir uns nicht mehr darum zu sorgen, wie wir unser Licht scheinen lassen sollen. Die Welt, die im Dunkel ist, wird bei uns nach Licht suchen, dies aber nur, weil wir uns entschlossen haben, dem *Geiste Gottes* in jedem Menschen zu dienen.

„Erwählet heute, wem ihr dienen wollt.“ *

* Vgl. Matth. 6:33; 26:42; Joh. 14:27; Psalm 23:4; Sprüche 3:6; Matth. 19:17; Röm. 7:15,17; 8:7; 1.Kor. 2:14; 1.Kön. 19:18; Josua 24:15.

*11. Kapitel*

## Geistige Versorgung

In den Kreisen der sogenannten metaphysischen Heiler ist es üblich, sich um die geistige Verwirklichung von Versorgung, Gesellschaft, Wohnung oder Beförderung zu bemühen; aber bei einer mystischen Botschaft wie dem *Weg zur Verwirklichung* wäre das ein falscher Ausgangspunkt für die Arbeit, da er den Mangel zur Voraussetzung hat. Und das wäre tatsächlich eine Sünde, da man nämlich auf diese Weise eine Vorstellung der Trennung von Gott, von allem Guten, aller Vollkommenheit und Unendlichkeit gelten läßt.

Da wir indessen durch unser individuelles Bewußtsein Zugang zum unendlichen *Bewußtsein* haben, treten wir nicht aus dem Bereich unseres Bewußtseins heraus, um irgend etwas zu verwirklichen; denn jenes unendliche göttliche *Bewußtsein* ist unser individuelles Bewußtsein, welches die *Unendlichkeit* verkörpert. Es hat deshalb die Wahrnehmung unserer Versorgung nichts damit zu tun, daß wir die Versorgung zu uns heranziehen, sondern vielmehr, daß wir den in unserem Innern wohnenden Vorrat ausströmen lassen.

Solange wir in einer materiellen Vorstellung von der Welt leben, stellen wir uns auch unsere Versorgung rein materiell vor. Die materielle Vorstellung von unserer Versorgung bezieht sich immer auf etwas, was außerhalb von uns selbst, in der Welt der Objekte ist und von uns erlangt werden muß: Geld, eine Wohnung, Autos.

## *Die Vollständigkeit des Selbst*

In der wahren Welt des *Geistes* liegt die Versorgung nicht außerhalb von uns und kann auch nicht erlangt, erreicht oder gesucht werden, da Versorgung im geistigen Bereich das darstellt, was *Ich* bin: *Ich* bin das Brot, *Ich* bin die Speise, das Wasser; *Ich* habe eine Speise, von der ihr nicht wisset. Ohne den geringsten Gedanken an irgend jemand oder irgend etwas im äußeren Bereich wenden wir uns nach innen und halten mit unserem inneren Sein Gemeinschaft, mit unserem Bewußtsein, und bleiben in der Erkenntnis der Vollständigkeit, die uns in unserem *Selbst* eigen ist.

Wenn wir das begreifen, können wir jeden Menschen betrachten und sehen, wie vollkommen unabhängig jeder vom anderen auf Grund dieses Prinzips der Vollständigkeit des Selbst ist. Das eine *Leben* sorgt für uns alle, indem es alles, was zu unserer Erfüllung notwendig ist, zu uns heranzieht. Und diese eigene Vollständigkeit, die wir sind und die wirksam ist und uns so reichlich versorgt, ist eigentlich nicht für uns; sie ist die Frucht, die uns eingeflößt wird und durch uns hindurch anderen zugute kommen soll.

Ehe wir jedoch mit anderen teilen können, müssen wir dieses Grundprinzip verstehen und uns aus der materiellen Lebensvorstellung, die da glaubt, etwas erhalten zu müssen, erheben. Das unsichtbare *Leben* kennt unsere spezielle Not, und es ist Sein Wohlgefallen, uns zu geben, was wir brauchen. Wir brauchen nichts zu erlangen, uns mühen und sorgen; wir brauchen nur stille zu sein in der Erkenntnis unserer eigenen Vollständigkeit und Vollkommenheit. In unserem Leben können wir beobachten, daß in dem Maße, und nur in dem Maße, in dem es uns gelingt, unsere materielle Vorstellung von der Versorgung abzulegen, sich unser Unterhalt vermehren und verdoppeln wird

— und zwar nicht, indem wir hier draußen irgend etwas unternehmen, sondern indem wir uns von dieser sogenannten Außenwelt mit ihrem Begriff der Begrenztheit abwenden und zu der Erkenntnis gelangen:

*I c h bin das Brot, die Speise, der Wein und das Wasser. I c h bin gekommen, daß ihr das Leben und volle Genüge haben sollt. I c h bin die Auferstehung — nicht die Medizinflasche, nicht der chirurgische Eingriff, nicht die Diät. I c h bin die Auferstehung. Alles, was M e i n ist, das ist dein, und Unendlichkeit ist das Maß deiner Versorgung.*

Sobald wir auch nur in geringem Maße erkennen: „Ich lebe; doch nun nicht ich, sondern Christus lebt in mir", haben wir damit die Wirkung dieses Grundprinzips gesehen, dieses Prinzips der Vollständigkeit des Selbst, des eigenen Erfülltseins.

„Ich und der Vater sind eins." Indem ich dieses Verhältnis wahrnehme, lasse ich das *Unendliche Unsichtbare* mir vom Himmel, den Wolken, der Luft, der Erde und jedem Teil des Weltalls — von allen sechs Kontinenten und zahlreichen Inseln — alles, was für meine besondere Entwicklung notwendig ist, heranziehen.

### *Die Universalität der Versorgung*

Dies aber ist nicht allein deine oder meine Versorgung, denn auch das bedeutete Begrenzung. Allein die Heranziehung der Worte „dein" oder „mein" verursacht eine Einschränkung. In den Anfangszeiten verwenden wir das Wort „mein"; später aber, wenn sich das Bewußtsein entfaltet, erkennen wir, daß auf Grund der Universalität der Wahrheit, die Vollständigkeit des

*Selbst* die Wahrheit ist, die von allen Menschen gilt. Beim Unterrichten muß ich das Wort „ihr" gebrauchen, um klarzumachen, daß diese Wahrheit von euch gilt. Dann muß ich aber schließlich darüber hinausgehen, denn nichts von dem gilt in Wirklichkeit nur allein von dir oder von mir. Es ist eine universelle Wahrheit. Aus diesem Grunde verzichte ich auf den Gebrauch der Wörter „ich", „mich", „mein", „dir", „dein", „ihr" und „euch" und spreche nun in einer Sprache, die ich vielleicht gebrauchen würde, wenn ich von der Sonne oder dem Mond spräche. Niemals könnte ich sagen „meine" Sonne oder „mein" Mond oder „eure" Sonne und „euer" Mond. Von der Sonne spreche ich als eines universellen Lichts und einer Wärme, eines Lichts und einer Wärme sowohl des Heiligen wie des Sünders, der Weißen wie der Schwarzen, der Orientalen wie der Abendländer, der Juden wie der Heiden. Da gibt es keinen Unterschied.

Und schließlich betrachten wir auch das Thema der Versorgung in demselben Licht und beziehen uns niemals auf meine Versorgung oder die eure. Sobald ich Versorgung auf meine oder deine Person beziehe, beschränke ich sie derartig, daß ich sie in eine materielle Vorstellung verdrehe, anstatt von einer Wahrheit zu sprechen. Wenn ich wahrheitsgemäß von Versorgung sprechen möchte, muß ich mich von jeglichem Begriff des Eigentums sowie von Menge oder Ausmaß der Versorgung lösen. Ich muß mich von jeglicher Vorstellung der Begrenzung frei machen, indem ich nichts als mein beanspruche.

„Die Erde ist des Herrn und was darinnen ist . . . Mein Sohn, du bist allezeit bei mir, und alles, was mein ist, das ist dein." Auch hier darf ich nicht so selbstbezogen sein und glauben, das bezöge sich allein auf Joel. Ich muß verstehen, daß es an die Söhne Gottes gerichtet ist, Wenn ich es in irgendeiner Weise persönlich auffasse und glaube, Gott spräche nur zu mir, was habe ich dann mit euch gemacht? Und wenn ich nur einen von euch ausschließe, selbst den größten Sünder, dann habe ich mich selbst ausgeschlossen; denn es gibt ja nur einziges unbegrenztes göttliches *Selbst*, und dieses *Selbst* ist Selbst-vollständig und Selbst-erhaltend. Die materielle Vorstellung der Versorgung faßt diese persönlich auf. Wenn wir von meiner Versorgung oder deiner sprechen, so ist sie stets begrenzt. Wenn wir uns aber alle Versorgung als die des *Vaters* denken, so ist sie unendlich.

### *Die immerwährende Gegenwart der Versorgung*

Wir müssen lernen, die Welt anzuschauen und ihr auf der Spur zu bleiben durch alle Zeiten der Panik, der Tage der geschlossenen Banken, der Bankrotte, Schwarzen Freitage und die dreißiger Jahre der Deflation. Wir müssen dieser Zeit direkt ins Gesicht sehen und dann die Erde betrachten und uns fragen, ob während dieser Krisen irgendwie Mangel geherrscht hat. Gab es irgendwo weniger Bäume, weniger Früchte auf den Bäumen, Gemüse auf den Feldern, Fische im Meer, Vögel in der Luft, „Vieh auf den Bergen, da sie bei tausend gehen",* Kohle oder Öl in der Erde oder Gold, Silber, Platin oder Uran? Gab es weniger Dollars? War die Golddeckung plötzlich verschwunden?

Fragen wir uns, ob es irgendwann einmal einen Mangel an genügend Bodenschätzen gab, und dann werden wir sehen, wie wahr es ist, daß in Zeiten der Panik nicht weniger Fülle auf Erden herrscht als in Zeiten des Aufschwungs und auch nicht *mehr* in Zeiten des Aufschwungs als in Zeiten der Panik. Die Fülle war genau so umfassend in den dreißiger Jahren, wie sie

* Vgl. Gal. 2 : 20; Joh. 10 : 30; Psalm 24 : 1; Luk. 15 : 31; Psalm 50 : 10.

in der Inflationszeit der sechziger Jahre war. Der natürliche Vorrat war genau so groß. Und vergessen wir nicht — und dabei spreche ich nur von den Vereinigten Staaten — was für Armut, Not und Beschränkung in jenen zehn Jahren herrschte!

In diesem Jahr 1964, das den Zeitungen zufolge zweifellos die reichste Aera, die die Vereinigten Staaten je erlebt haben, kennzeichnet, da jedermann mehr Geld hat als zuvor, mehr Lebensmittel, Kleider, Bequemlichkeiten, Autos und Häuser, leben gerade um die Ecke Menschen von weniger als einer Tasse voll Reis am Tag, Menschen, die ihre vierbeinigen Lieblinge verkaufen oder schlachten müssen, damit sie etwas zu essen haben. Wenn wir diesen Menschen erzählen wollten, wir befänden uns in einer Zeit des wirtschaftlichen Hochstands, würden sie uns wohl sehr traurig ansehen und bemerken, es seien dies die Zeiten der größten Armut, die die Welt je gesehen hätte.

Warum waren denn so viele Menschen in Not? Es gibt nur eine Antwort. Die Welt hatte eine materielle Vorstellung von der Versorgung, und so lange sie diese aufrecht erhält, wird sie Not leiden. Aus diesem Grunde haben auch zuweilen Gesellschaften mit Millionen und Aber-Millionen von Dollars finanzielle Schwierigkeiten. Deshalb können Regierungen bankrott machen — nicht weil es weniger gäbe als je zuvor, sondern weil eine materielle Vorstellung davon aufrechterhalten wird.

In Wirklichkeit gibt es weder Überfluß noch Mangel. Es gibt allein die Erfahrung eines jeden Menschen von Überfluß und Mangel. Die Fülle ist stets die gleiche. Sie fragen vielleicht: „Warum leiden dann einige Länder und Personen so große Not?"

Damit ich diese Frage beantworten kann, müssen wir uns noch etwas über diese Erfahrung von Not und Beschränkung klarmachen. Die Wahrheit lautet, daß hier und jetzt Fülle herrscht, eine Unendlichkeit an Versorgung. Und ohne jeden Zweifel sperren sich jene, die sie nicht empfangen oder haben, irgendwie selbst von ihr ab. Inwiefern, das ist bei jedem Menschen verschieden. Manche reden von ihrem Stolz, was nichts als purer Unsinn ist. Andere haben noch nie das Gefühl tiefer Dankbarkeit, Liebe, Hingabe, Mitteilung gekannt. Damit meine ich nicht das Teilen mit den eigenen Kindern oder der eigenen Familie. Ich meine tatsächliches und wahres Schenken und Geben in unpersönlicher Weise. Sie schließen die Fülle selbst aus, denn wenn sie auch vielleicht direkt vor der Türe liegt, so kann sie doch nicht hereinkommen, wenn sie ihr Bewußtsein nicht auf irgendeine Weise öffnet.

Wir glauben vielleicht, nur arme Leute hätten Versorgungsschwierigkeiten. Nein, es sind einige sehr reiche Leute, die um Hilfe bitten in Hinsicht auf die Versorgung. Selbst die größten Gesellschaften der Welt bedürfen zuweilen der Hilfe auf diesem Gebiet. Und warum wohl? Weil wir alle eine materielle Vorstellung von der Versorgung haben und der Ansicht sind, daß die Versorgung aus Geld, Sicherheiten, Eigentum und Ware bestehe. So unglaublich, wie es klingt, selbst der ernsthafteste Wahrheitssucher hat zuweilen die Vorstellung, Versorgung sei etwas Materielles. Und in dem Augenblick tritt die Furcht auf, denn dann fängt er sofort an zu berechnen, wie viel oder wie wenig vorhanden ist.

## *Die Türen der Versorgung öffnen*

Aus den diesjährigen *Lehrbriefen* haben Sie erfahren, daß Gott niemals ein materielles Universum geschaffen hat und daß es also kein materielles Universum gibt. Es gibt nur eine materielle Vorstellung vom Universum. Und genauso gibt es auch keine materielle Versorgung. Die Versorgung ist geistig, und deshalb ist sie unbegrenzt. Wenn wir uns öffnen würden, um·

den *Geist Gottes* einzulassen und die göttliche Gnade zu empfangen, um ständig eins zu sein mit dem *Vater*, dann würde uns jegliche notwendige Versorgung zufallen. Wer aber nicht auf solch' hohem geistigem Niveau zu leben gelernt hat, kann dennoch die Fülle des Lebens genießen, indem er sein menschliches Bewußtsein für ein gewisses Maß an Liebe, Schenken, Teilen und Dienen und ein bißchen mehr Freundlichkeit öffnet. Irgendwie leiden diejenigen, die in Not sind, deshalb, weil sie die Tür verschlossen haben. Sie selbst haben sie vor der unendlichen Fülle zugemacht. Das ist natürlich nicht in bewußter Absicht geschehen, sondern stets ganz unbewußt.

Wenn wir bereits mit den kleinen Kindern beginnen könnten und ihnen beibringen, sich Gott nicht zu nahen um irgendwelcher Dinge willen und wie man die Tür des Bewußtseins auftut, um den *Geist Gottes* einzulassen, so würden diese Kinder mit dem Bewußtsein der Fülle aufwachsen. Auf welche Weise es sich bei ihnen verwirklichte, das wäre bei jedem Kind verschieden. Aber es würde geschehen, denn der *Geist Gottes*, dem sie sich geöffnet haben, ist tatsächlich Brot, Speise, Wein und Wasser des Lebens.

Wer diesen hohen Bewußtseinsstand noch nicht erlangt hat, kann indessen lernen, zu schenken, zu teilen, zu helfen und aus der Schale herauszukommen, in der er lebt, und sich umzusehen und sich zum Nutzen seiner Nächsten zu betätigen. Selbst auf ihrem Niveau würden sie sehen, daß sie damit die Tür oder den Zugang für ihre eigene ihnen zukommende Versorgung aufgetan haben; denn es gibt nicht nur eine Art und Weise, in der man die Fülle erleben kann. Für sie ist auf jeder Bewußtseinsebene Vorsorge getroffen.

So manche Erlebnisse von Menschen sind mir zu Ohren gekommen, die aus irgendeinem Grunde erkannten, daß sie sich von der Versorgung ausschlössen, indem sie nicht genug Liebe erwiesen, schenkten oder teilten und die sich dann zum „Zehnten-geben“ entschlossen und dadurch die ganze Art ihrer Verwirklichung umwandelten — selbst wenn es nicht auf der höchsten Ebene geistiger Verwirklichung geschah, sondern auf der Ebene des Helfens und Teilens mit dem Nächsten.

## *Das Geistige der Versorgung*

Die höchste Verwirklichung ist natürlich die des Bewußtseins der göttlichen Gegenwart. Dies ist es, was all' unsere Not wendet. Auf der mystischen Bewußtseinsebene dürfen die Gedanken niemals bei der Versorgung weilen, als ob sie etwas wäre, was erlangt oder gar erarbeitet oder verdient werden könnte. Versorgung ist die Gewahrwerdung vom *Ich* in uns, das gekommen ist, daß wir das Leben und volle Genüge hätten.

Wird jetzt der Unterschied zwischen diesen beiden Welten deutlich? Jene äußere Welt, in der wir anscheinend von den Dingen, die außerhalb von uns sind, leben, und jener inneren Welt, in der wir erkennen, daß selbst die Dinge, die von außen stammen, in Wirklichkeit durch den *Geist* in unserem Innern zu uns herangezogen werden? Wir brauchen uns nicht darum zu bemühen, die Sonnenstrahlen, den Regen, die Vitamine und Mineralien zu uns heranzuziehen. Wir verweilen allein in der Wahrheit, daß es unser unsichtbares *Leben* ist, das aus der Welt alles, was für unsere individuelle Erfahrung notwendig ist, zu uns heranzieht.

## *Die Versorgung als unpersönlich begreifen*

Unabhängig davon, welche Erfahrungsebene man gerade im Sinne hat, nie darf man das wichtige Prinzip des Trennens vom

Persönlichen übersehen. Gott mit der Person verbinden ist die größte Sünde. Sich Gott als irgendeinen Heiligen vorzustellen oder als teilhabend an irgendeiner bestimmten Rasse, Religion oder einem Glaubensbekenntnis, im Unterschied zu anderen, ist eine Sünde. Gott ist nicht „Er" oder „Sie"; Gott ist *Geist*. Er ist nach allem, was wir wissen, nicht mal ein „Es". Höchstwahrscheinlich ist er nur *Ich*.

Eines Tages werden wir uns vielleicht über die Vorstellung von Gott als Es erheben müssen, denn Es würde etwas von *Ich* Geschiedenes oder Getrenntes bedeuten. Schließlich können wir ja nicht ein *Ich* und ein Es haben. Wenn wir das Wort „Es" benutzen, dann können wir das nur in dem Sinne des grammatischen Neutrums tun, aber nicht als etwas von *Ich* Geschiedenem oder Getrenntem; denn *Ich* hat natürlich kein Geschlecht; *Ich* ist ewiges Leben, jedoch das Leben von männlich, weiblich und sächlich. Es ist gleichgültig, wie das grammatische Geschlecht lautet: *Ich* ist ewiges Leben.

Inzwischen werden Sie begriffen haben, daß man den Irrtum nicht mit der Person verbinden kann. Haben Sie nicht gelernt, daß jegliche auch noch so unbedeutende Schwierigkeit, in die Sie geraten sind, ihren Grund darin hatte, daß Sie entweder Gott oder den Irrtum mit der Person verbunden haben? Ehe Sie den Irrtum nicht als unpersönliches Nichtsein, eine Vorstellung von zwei Mächten, begreifen können, werden Sie nicht von ihm frei werden.

Nun müssen wir einen Schritt weitergehen und die Versorgung von der Person trennen, so daß es also nichts derartiges wie meine oder deine Versorgung gibt. Es gibt Erfülltheit, Vollständigkeit und Vollendung des *Selbst*. Wenn wir die Beziehung des Einsseins gewahrwerden, finden wir Vollständigkeit und Allheit. Dieses Einssein mit dem *Vater* ist meine Fülle und Vollkommenheit, allerdings nicht meine, getrennt von deiner. Dir ist genau dieselbe Fülle, dieselbe Vollkommenheit und Vollendung eigen. Man muß sie nur erwecken, und man erwacht für sie in dem Maße, in welchem man Gott zu entpersönlichen vermag und den Irrtum, die Versorgung, die Liebe zu entpersönlichen vermag.

### *Die unpersönliche Liebe freigeben*

Daß wir die Liebe entpersönlichen und göttliche Liebe zum Ausdruck bringen, kann einzig und allein dadurch geschehen, daß wir weder geben noch nicht geben, und wissen, daß wir nicht die Macht haben zu geben oder nicht zu geben. Wir können allein das Instrument sein, durch welches dies geschieht. Falls wir Hunde oder Katzen oder Vögel bei uns haben und wir ohne die geringste Absicht, sie an uns zu fesseln oder ihnen etwas zu geben, jene innere Stille walten lassen können, so daß der *Geist* hervortreten kann, dann werden uns diese Tiere lieben. Und doch würden wir ihnen als Menschen keine Liebe oder Zuneigung oder Fürsorge schenken.

Obwohl wir das alles wissen, so werden wir doch menschlicherweise versucht sein, in persönlicher Weise zu lieben oder nicht zu lieben, hier mehr und dort weniger zu geben. Dies wirkt sich alles als eine Schranke vor der Verwirklichung wahrer Harmonie in unserem Leben aus. Jeder von uns muß am Tag eine Zeit haben, in der er sich ganz durchlässig werden läßt, auf daß der *Geist* hindurchscheine, um unser Haus, unsere Arbeit und unser Volk zu segnen — dies aber alles ganz unpersönlich aufgefaßt.

Als Mensch haben wir wohl eine stärkere Zuneigung zu dem einen als zu dem andern. Das muß so sein, es wird von den anderen verursacht. Denn ich könnte unmöglich denen mehr menschliche Zuneigung entgegenbringen, die sie von sich aus nicht gäben oder mitteilten, denn sie riefen sie nicht hervor. Wer die tiefste Zuneigung hervorruft, empfängt sie auch am stärksten. Ich gebe zu, daß das vom menschlichen Standpunkt aus stimmt.

Das hindert mich indessen nicht, mich wenigstens einmal am Tag in meine innere Stille zurückzuziehen und zu erkennen, daß ich niemandem Liebe schenke oder versage. Ich bin nun ganz durchlässig, und Gottes Gnade umfaßt alle Menschen, wo auch immer. Ihre Empfänglichkeit schenkt ihnen dann die Fülle des Lebens, oder ihr Mangel an Empfänglichkeit läßt sie verkommen. Dafür bin ich nicht verantwortlich. Mir obliegt es allein, das Licht scheinen zu lassen. Ich bin aber nicht dafür verantwortlich, daß jemand seine Türe öffnet, um es zu empfangen. Das ist seine Aufgabe. Es ist meine Sache, es denen zur Verfügung zu stellen, die sich an mich wenden.

Unser größter Dienst, den wir der Welt erweisen können, ist nicht mehr unser persönlicher Einsatz für unsere Familie oder unsere Haustiere oder unsere Welt. Unser größter Wert bemißt sich danach, daß wir stille zu sein vermögen und so klar und durchlässig, daß die göttliche Liebe in diesen Haushalt, jenes Geschäft oder jenes Volk fließen kann. Das bedeutet, die Liebe zu entpersönlichen; und diese unpersönliche, göttliche Liebe ist es, die die Not des einzelnen wie der Gesamtheit wendet.

Wiederum dürfen Sie mich nicht falsch verstehen. Auf einer gewissen Ebene des menschlichen Lebens sollten die Menschen äußerst liebevoll, hilfsbereit und wohlwollend sein, da dies ihr einziger Zugang zu Friede und Harmonie ist. Wie man gibt, so empfängt man. Wie man sät, so wird man ernten — aber nicht auf der geistigen Ebene. Auf jener Ebene ist das höchste Erleben die göttliche Liebe, und dabei handelt es sich nicht um eine Liebe, die du oder ich schenken oder versagen könnten. Es ist dies etwas, das durch uns hindurchfließt und sich dann auf der menschlichen Ebene auswirkt.

Ein Mensch unter dem Gesetz Gottes läßt das göttliche Licht hindurchscheinen. Er verschenkt es nicht; er hält es nicht zurück; denn so groß wie der Eimer, den jemand zum Brunnen bringt, ist die Menge an Wasser, die er davonträgt. Es liegt stets an uns, wie weit wir zur Gottverwirklichung kommen. Es ist nicht die Sache Gottes, uns nachzujagen und auf den Kopf zu hauen und zu sagen: „Hier, ihr müßt doch Gott haben."

Darum sehen wir also, wie die Welt Not leidet trotz aller verfügbaren Nahrung, Kleidung und Wohnung. Die Hersteller können das Volumen ihrer Waren oder Lebensmittel jeden Tag der Woche verdoppeln. Sie warten allein auf jene, die sie abnehmen, um zu produzieren. Der Vorrat ist unbegrenzt, aber es muß eine Abnahme dafür vorhanden sein.

Dann sagt ein jeder: „O, ich will gerne alles nehmen, was ihr mir gebt." Nein, so geht das nicht. Es geht gerade entgegengesetzt. Wir können alles haben, was wir geben. Und dort liegt das Hindernis. Dort liegt die Not oder Beschränkung, immer dort, wo die Wahrheit unbekannt ist.

Kann man den Hungernden in der Welt einen Vorwurf machen wegen ihrer Not? Nein, ebensowenig wie uns, als wir diese Wahrheit noch nicht kannten oder weil wir uns keiner größeren Harmonie erfreuen. Denn es liegt nur daran, daß wir die tiefere Wahrheit nicht kennen.

Wenn man den Menschen auf der Welt beigebracht hätte, wie dieser innere Kontakt herzustellen ist, wenn man sie über die Erfülltheit und Vollständigkeit des *Selbst* auf Grund ihres Einsseins mit der *Lebens*kraft unterrichtet hätte, dann gäbe es keinerlei Not auf Erden. Es gibt genug Raum auf der Erde, auf dem alle Frucht heranreifen könnte, die gebraucht wird; aber viele Menschen haben noch nicht einmal den Zugang gefunden zu dem Brot und Wein, der Speise und dem Wasser, die im Innern sind.

Überall auf der Welt gibt es Not und Mangel; aber diejenigen, die darunter leiden, haben sich durch Unwissenheit abgeschlossen. Ein Teil von ihnen ist lieblos im Wesen geworden, und wo keine Liebe ist, da herrscht auch keine Fülle. Diese Menschen haben es zugelassen, daß sie sich in sich selbst verkrochen, getrennt und abseits von ihren Mitmenschen. Sie haben ein Bewußtsein des Bekommens entwickelt statt des Gebens, ja sogar des umsonst Bekommens. Diese Unwissenheit ist natürlich nicht ihre Schuld. Sie sind einfach hypnotisiert, und es wird so bleiben, bis sie innerlich erwachen und einen Antrieb für etwas Höheres als die materielle Einstellung verspüren, was dann die allumfassende Hypnotisierung durchbricht.

Wir wollen es uns zur Regel machen, uns einmal am Tag still zurückzuziehen und niemandem irgendwelche menschliche Liebe zukommen zu lassen, andrerseits aber auch keinerlei negative Empfindungen zu hegen: weder Haß noch Neid, Eifersucht, Rache oder Gleichgültigkeit. Dies alles wollen wir nicht haben, aber auch kein Verlangen, irgend jemanden zu lieben. Setzen wir uns einen Augenblick lang still hin und lassen den *Geist Gottes*, die göttliche *Liebe* durch unser Bewußtsein in diese Welt strömen, in diesen Haushalt, diese Familie, diese Gruppe von Schülern, zu den Nachbarn, in die Stadt, den Staat, die Gemeinde, die Nation und schließlich die Welt.

*Deine Gnade ist dieser Welt Genüge. Laß Deine Gnade auf dieser Welt ruhen. Laß Deine Gnade in jedem menschlichen Bewußtsein empfunden werden. Laß Deine Gnade auf Erden walten, wie es ist im Himmel.*

Dann verhalten wir uns ruhig, während der Geist sich ergießt. Wir haben keine Liebe geschenkt; wir haben sie auch nicht versagt; wir waren nicht lieblos. Wir waren nur still und haben die stille, sanfte Stimme sich in jeglichem menschlichen Bewußtsein vernehmen lassen.

*12. Kapitel*

## Macht und Herrschaft

Es gibt zwei Welten: die Welt des „Menschen, der den Odem in der Nase hat“, die Welt des irdischen Menschen, der nicht unter dem Gesetz Gottes steht, und die Welt des Gottessohnes, das geistige All, in dem das Leben „nicht durch Macht noch durch Stärke“, nicht durch Sorgen, sondern durch göttliche *Gnade* geführt wird. Diese Gnade wird nur in dem Maße offenbar, als wir nicht versuchen, sie zu erlangen, sondern indem wir sie fließen und strömen lassen und sie dann an andere weitergeben. Wir empfangen sie aus dem Reich Gottes, das in uns ist, aber wir suchen sie nicht für uns selbst zu erlangen. Wir wollen einen Weg bahnen, auf daß der „gefangene Glanz“ * , die eingeschlossene Herrlichkeit, in die Welt hervorbrechen möge.

Während uns die äußere Welt bereits bekannt ist, wissen wir indessen noch nicht genug über „Mein Reich“ und das Leben aus der *Gnade*, das in „Meinem Reich“ geführt wird, wo wir leben, ohne uns zu sorgen. Gott gab uns die Herrschaft über alles, was zwischen dem höchsten Himmel und dem tiefsten Abgrund im Meere ist. Was ist aus dieser Herrschaft geworden, daß wir es zulassen, daß die Sterne, das Wetter, das Klima oder

* Robert Browning

die Bazillen uns beeinflussen! Oder daß wir despotischen Herrschern gestattet haben, über uns zu bestimmen! Was ist aus dieser Herrschaft geworden? Die Antwort lautet, daß wir sie vergeben haben. Stück um Stück haben wir unsere Herrschaft abgegeben und sind zum Verlorenen Sohn geworden.

Wir haben dem Reich Gottes den Rücken gekehrt und in der materiellen Vorstellung von der Welt gelebt, die es mit irdischen Menschen zu tun hat, die zu Füßen irgendeines unbekannten Gottes kriechen und um Brosamen bitten, währenddessen doch der wahre Gott in ihnen sie zu Erben des ganzen *Reiches* eingesetzt hat.

Nun aber müssen wir in der Erkenntnis, daß wir Söhne Gottes sind, unsere Herrschaft wieder an uns nehmen, und das bedeutet, daß wir unsere eigene Welt schaffen. Die Welt schafft nicht die Umstände für uns; und ebensowenig tun es die Menschen. Wir sind weder das Opfer der Politik noch des Krieges oder der tyrannischen Herrscher. Wir sind das Opfer dessen, was wir selbst geschaffen haben.

Durch die Gnade Gottes ist uns die Herrschaft übertragen worden, und wir müssen sie nun behaupten. Wir müssen wählen. Niemals dürfen wir wieder dem Menschen, den Um- und Zuständen, dem Wetter und Klima, dem Sturm, der Trockenheit, der Deflation oder sogar der Hochkonjunktur die Herrschaft überlassen. Künftig müssen wir im Reich Gottes unter den Gesetzen, die uns vom Meister der Christen offenbart worden sind, leben.

## *Volle Genüge*

„Ich bin gekommen, daß sie das Leben und volle Genüge haben sollen." Ich mache Sie auf das Wort *„Ich"* aufmerksam. Es bedeutet nicht Jesus. Es bedeutet nicht Ihr Lehrer oder Heiler. Das *Ich* ist Ihr ureigenstes *Selbst.* Es ist das Selbst, zu dem Sie sich bekennen, wenn Sie „Ich" sagen. Dieses *Ich* ist bei uns und wird uns nicht verlassen noch versäumen. Wohin können wir gehen und *Ich* zurücklassen?

*Ich* war mit euch „ehe denn Abraham ward". *Ich* werde bei euch sein bis an der Welt Ende. Unser Heiland und Erlöser ist das *Ich* im innersten Kern unseres Seins. *Ich* in unserem Innern ist unser Brot und Wein, unsere Speise und unser Wasser, und deshalb dürfen wir uns nicht an Gott wenden, und sei es um Unterhalt, denn wir haben *Ich* in unserer Mitte, den Sohn Gottes, den *Christus Gottes*, den *Geist Gottes.*

„Ich bin die Auferstehung". Diese große Wahrheit würde nicht viel für uns bedeuten, wenn Jesus die Auferstehung wäre, da er ja vor 2000 Jahren von uns gegangen ist und die Welt auf seine Wiederkunft wartet. Wir aber brauchen nicht auf eine Wiederkunft zu warten, da dieses *Ich* uns „nicht verlassen noch versäumen wird." Wir müssen nur erkennen, daß dieses *Ich*, das Jesus verkündete, von dem er sagte, daß es existierte, „ehe denn Abraham ward", und bis an der Welt Ende da sein würde, in uns ist. Und daher ist die Kraft der Auferstehung — die Auferstehung unseres Leibes, unserer Gesundheit, Wohlhabenheit, Ehe, Unterkunft und Familie — in unserem Innern.

Dies werden wir so lange nicht verwirklichen, wie wir glauben, daß es seinen Ursprung außerhalb von uns hat — selbst wenn es in einem Heiligen wäre — denn *Ich* bin in eurem Innern. *Ich* in euch bin gekommen, daß ihr das Leben hättet, das *Ich.*

Sprich jetzt zu dir selbst, in diesem Augenblick, das Wort *Ich*, leise sanft — *Ich, Ich.* Dieses *Ich* in deinem innersten Kern ist das Gesetz der Auferstehung. Es ist dasselbe geistige Leben, das in den Bäumen wirkt und im Sommer Äpfel, Birnen und Pfirsiche und Rosen in Hülle und Fülle hervorbringt. Genau dieses *Selbst*, jene geistige Gegenwart Gottes, die jetzt im Augenblick in den Pflanzen wirksam ist, um die Früchte des nächsten Jahres oder des nächsten Monats hervorzubringen, dieses *Ich* wirkt in uns, um unseren Leib, unsere Gesundheit, unsere Familie, unsere Liebe und unsere berufliche Laufbahn auferstehen zu lassen.

Wenn wir das Zeugnis der Welt akzeptieren, so werden wir mit 45 Jahren keine Anstellung mehr bekommen, da die Welt dann behauptet, wir seien zu alt. Und mit 60 oder 65 werden wir entlassen sein, um das Eintreten des Todes zu erwarten. Wenn wir das akzeptieren, so wird es mit unserer Einwilligung zum Gesetz für uns, womit wir zum Opfer der Einflüsse dieser Welt werden.

Wenn wir hingegen begreifen, daß *Ich* in unserem Innern Gott ist, wenn wir „still sein können und erkennen, daß Ich Gott bin", dann wissen wir, daß dieses *Ich* die Gegenwärtigkeit Gottes ist, der gekommen ist, daß wir das Leben und volle Genüge haben sollen, — nicht das Leben bis 40, 50, 60 oder 70 Jahren, sondern das ewige Leben. *Ich* bin gekommen, um die verlorenen Jahre der Heuschreckenplage zurückzuerstatten, jene Jahre, in denen wir die Wahrheit, daß Gott mitten in uns ist, nicht kannten und die in Unwissenheit vergangen sind. Jenes *Ich* wird nun zum Gesetz der Auferstehung für unser ganzes Leben.

Seien wir nun still; sei still und erkenne, daß *Ich* in deiner Mitte Gott ist. Sei still, „sage niemand, was du gesehen hast." Bete im Verborgenen, ohne daß dich jemand sieht. Bete im Verborgenen, und dein Gebet sei, stille zu sein und zu erkennen, daß *Ich* in deine Mitte gepflanzt wurde, daß du das Leben und volle Genüge hättest.

Die Menschen der Welt suchen Gott und wenden sich von einer Religion zur anderen, von einer Lehre zur anderen, von einem Lehrer zum anderen, bis sie schließlich jemandem begegnen, der ihnen sagt: „Du hast Es doch in dir. Was du suchst, verkörperst du bereits in dir selbst. Es macht dein innerstes Sein aus." Dann begreifst du, warum du frei bist und ein Leben absoluter Freiheit in Christus führst. Um alles, was du brauchst, wendest du dich nach innen. „So lasset nun ab von dem Menschen, der den Odem in der Nase hat, denn für was ist er zu achten." Ruhe in der Gewißheit, daß *Ich* in deiner Mitte Gott ist.

Wenn wir uns dann zum täglichen Leben anschicken, atmen wir still, heilig und im Verborgenen: „,Meinen Frieden gebe ich euch: nicht wie die Welt gibt', *Meinen* Frieden, den Christus-Frieden, gebe ich euch. ‚Euer Herz erschrecke nicht', und fürchte sich auch nicht."

Seien wir ein Segen, wohin wir auch gehen. Wenn wir uns erst einmal in unserem Bewußtsein als ein Segen angenommen haben, werden wir merken, daß wir immer weniger als ein menschliches Wesen und immer mehr als göttliches *Sein* leben. Wir müssen aber begreifen, daß es unsere Aufgabe ist, ein Segen zu sein, so daß wir, wohin wir auch kommen, die Gnade denen zu geben vermögen, die noch im Dunkel sind.

### *Seien wir ein Segen für unser Haus*

Das Schwierigste an dieser Sache liegt wahrscheinlich darin, daß wir in unserem eigenen Haushalt damit anfangen müssen. Da wir ja dort alle so gut kennen, können wir nur sehr schwer zugeben, daß alle Glieder unserer Hausgemeinde Heilige seien — aber sie sind es. Und wenn wir sie nicht als Heilige sehen, so sind wir derjenige, der im Irrtum befangen ist, nicht sie, da Gott nichts anderes schuf als einen Heiligen.

Unsere Herrschaft in unserem Hause oder jeglichem anderen Ort besteht aus der Wahrheit, daß die sogenannte „Welt“ nur in unseren Gedanken besteht. Hier draußen gibt es so etwas wie Sünde, Krankheit, Tod, Not oder Beschränkung nicht. Hier draußen existieren solche Dinge nicht. Wenn wir sie also erleben, so nur in unseren eigenen Gedanken und dann herausprojiziert. Es ist dies wie im Film. Das Bild befindet sich tatsächlich auf dem Film, es wird aber auf die Leinwand herausprojiziert, und wenn wir nicht Bescheid wüßten, würden wir annehmen, das Bild sei auf der Leinwand; dort ist es aber in Wirklichkeit nicht. Es ist auf dem Film.

So verhält es sich auch damit, daß wir in unserer Unwissenheit glauben, daß hier draußen kranke und sündige Menschen seien. Nein, sie sind in unserer eigenen Vorstellung. Das ist der einzige Ort, wo sie existieren — an keinem anderen. Der Beweis dafür liegt in folgendem: Es kommt z. B. jemand zu uns und sagt uns, er sei krank oder sündig. Und nachdem das einen Tag, eine Woche, einen Monat oder was es nun sei, gewährt hat, sagt er plötzlich: „Ich bin nicht krank“ oder „nicht sündig“. Was hat nun diesen Wandel bewirkt? Die Tatsache, daß das Bewußtsein des Heilers Sünde oder Krankheit nicht akzeptierte und sich diese Bilder oder deren Widerschein auflösten und verschwanden.

Hätte der Heiler Sünde oder Krankheit angenommen, wäre der Kranke nicht geheilt worden. Aus diesem Grunde versagen so viele der sogenannten metaphysischen Heiler, wenn sie nach einem Irrtum in den Vorstellungen ihrer Patienten suchen. Sie suchen dort nach einer falschen Vorstellung und finden sie meist; dann aber wissen sie nicht, was sie mit ihr anfangen sollen. Bei dieser Arbeit sind wir klug genug, so etwas zu lassen.

Sie sagen vielleicht, Sie seien krank oder in Sünde oder Armut befangen. Ich aber kann das nicht annehmen, denn ich habe bereits die Bibel akzeptiert, die besagt, daß Gott alles schuf, was geschaffen ist. Und alles, was Gott schuf, ist gut; und alles, was Gott nicht schuf, wurde nicht geschaffen. Deshalb kann es so etwas wie Übel, Sünde, Krankheit oder Tod nicht geben.

Du bist der Christus Gottes, der Sohn des lebendigen Gottes, und auf diese Weise nehme ich dich in meinem Bewußtsein an. Wer kann mich davon überzeugen, daß du krank, in Sünde oder im Sterben bist? Niemand! Solange ich mich an die Wahrheit halten kann „,Du bist der Christus, der Sohn des lebendigen Gottes' . . . ,So verdamme ich dich auch nicht' und finde auch keinen Fehler an dir", mußt du schließlich reagieren. Da ich deine Sterblichkeit nicht akzeptiert habe, muß sie sterben.

So müssen wir also in unserem Hause beginnen. Ich weiß so gut wie jeder andere, daß Familienleben nicht sehr leicht ist. Wir sind so nah verwandt und tragen denen gegenüber, die uns am nächsten sind, so gern unsere schlechteste Seite zur Schau, daß dies menschlicherweise sehr schwierig ist. Vom geistigen Standpunkt aus ist es aber nicht schwer. Es ereignet sich etwas, wenn wir bereit sind, uns fünf Minuten am Tag hinzusetzen und die folgende Wahrheit zu erkennen:

*Dies ist der Haushalt Gottes — nicht mein Haushalt. Alle, die darin wohnen, sind Abkömmlinge Gottes, Mit-Erben Gottes, Mit-Heilige, die nicht voneinander abhängig sind, sondern miteinander die Gnade Gottes teilen. Die Gnade Gottes regiert, erhält und stützt alles, was in diesem Hause ist.*

Der Vater im Hause hat gedankliche Fähigkeiten, von denen er der Mutter und den Kindern gibt. Die Mutter besitzt Liebe und Fürsorglichkeit, von denen sie dem Vater und den Kindern gibt. Die Kinder besitzen Eigenschaften Gottes, die sie mit den Eltern teilen. Niemand aber ist vom anderen abhängig. Sie teilen die Eigenschaften und Gaben, die Gott ihnen gegeben hat, untereinander.

Wir heften niemanden aus unserer Familie an seine Sünde, an seinen Irrtum oder seine Veranlagung. Wir erkennen, daß alles, was nicht von Gott ist, verschwinden muß, da es von keinem göttlichen Gesetz gestützt wird. Wir erkennen, daß *Ich* im Wesen eines jeden Mitglieds unseres Haushalts Gott ist; und so dauert es nicht lange, bis wir eine größere Harmonie im Hause gewahrwerden.

*Erkenne das I c h , das an die Tür des Bewußtseins klopft*

Wir können dieselbe Wahrheit bei unseren Nachbarn anwenden oder bei unseren Verwandten, Freunden, in der Gemeinde, im Geschäft, in der Schule oder im Beruf. Nach einer Reihe von Jahren arbeiten wir dann für die ganze Welt. Dann umfassen wir Rußand, China und all die anderen Unruheherde der Welt in unserem Bewußtsein und erkennen, daß wenn wir glauben, es hafte ihnen irgendein Übel an, dies in Wirklichkeit in unserer Vorstellung von ihnen liegt. Es kann in ihnen kein Übel sein. Gott hat nicht einen Menschen gut und den anderen schlecht erschaffen. Er schuf nicht einen Menschen gesund und den anderen krank. Deshalb haben wir die Herrschaft — die Herrschaft über unsere Vorstellungen.

Wenn wir in unserem Bewußtsein sündige Menschen aufnehmen, dann haben wir Sünde; wenn wir kranke Menschen aufnehmen, Krankheit; wenn wir böse Menschen akzeptieren, Bosheit. Wenn wir hingegen bedenken, was der Meister sagte:

„Ich stehe vor der Tür und klopfe an“ *, was wird dann wohl geschehen? Was wird geschehen, wenn wir unser Bewußtsein auftun und sagen: „Tritt ein!“? Wir haben dem Geist Gottes den Weg gebahnt, daß er in unserem Leben wirksam werden kann.

Wenn wir an ein Familienmitglied denken oder an einen Teil der Politiker — und zwar das Wort im schlechten Sinne gebraucht — oder an die sogenannten Diktatoren in der Welt, so erinnern wir uns daran, daß *Ich* in ihrer Mitte ist, und jenes *Ich* in ihnen klopft an die Türe unseres Bewußtseins und sucht Einlaß. Wir dürfen unsere Türe aber nicht ihrem irdischen Wesen öffnen, denn wir würden sie einer Illusion öffnen. Wir öffnen sie aber für das *Ich* eines jeden Wesens.

*Stille das innere Verlangen,*
*daß das geistige Wesen erkannt werde*

An die Mitglieder unserer Familie wollen wir nicht als an irdische Wesen denken. Wir alle wissen, wie sie menschlicherweise beschaffen sind. Vielleicht mögen wir nicht alle von ihnen; davon aber wenden wir uns ab und bedenken, daß ihr *Ich* an die Tür unseres Bewußtseins klopft und Einlaß begehrt, und damit heilen wir alle, die empfänglich und aufnahmebereit sind.

*Ich*, das *Ich* meines Wesens, klopft an die Tür deines Bewußtseins und möchte sagen: „Ich weiß, wer du bist. ‚Du bist Christus, der Sohn des lebendigen Gottes‘.“ Das *Ich* deines

* Vgl. Jes. 2:22; Sach. 4:6; Joh. 10:10; Joh. 8:58; Joh. 11:25; Hebr. 13:5; Ps. 46:11; Mark. 9:9; Joh. 14:27; Joh. 14:1; Joh. 18:36; Matth. 16:16; Joh. 8:11; Offb. 3:20.

Wesens klopft an die Tür meines Bewußtseins und bittet, daß ich dich sehe, wie du bist, nicht wie du menschlicherweise in Erscheinung trittst. Du möchtest, daß ich dich als das Ebenbild Gottes erblicke, so, wie du im Urbeginn erschaffen warst, ehe die Zeit begann. Keiner möchte, daß ich ihn so sehe, wie er irdischerweise ist.

Selbst diejenigen, die von sich glauben, sie seien gut oder schön, möchten nicht so gesehen werden, sondern so, wie Gott sie schuf. Und das bedeutet, das *Ich* deines Wesens klopft an die Tür meines Bewußtseins und möchte, daß ich sage: „Ich weiß, wer du bist, der Sohn des lebendigen Gottes. Ich erkenne dein wahres Wesen auf geistige Weise."

Sie kommen zu mir, um in Ihrem geistigen Wesen erkannt zu werden, auf daß alles, was sterblich ist, aufgelöst werde. Sie hatten vielleicht gedacht, Sie kämen, um geheilt zu werden, gewandelt, angestellt oder gesegnet. Das ist aber nur der Köder; die Wahrheit ist indessen, daß Sie kommen, um in Ihrem geistigen Wesen erkannt zu werden; denn deshalb stehe ich in dieser Arbeit. Nicht, um irgend jemanden zu heilen, zu bessern oder zu bereichern; sondern, um den Christus Ihres Wesens zu erkennen und ihn Ihnen zu offenbaren.

Ich brauche es nicht auszusprechen, wenn ich das tun will. Ich könnte es in mir verschlossen halten, und Sie würden wissen, daß Sie in Ihrem geistigen Wesen erkannt worden sind. Solange ich Sie nicht als männlich oder weiblich, jung oder alt, reich oder arm betrachte, sehe ich Sie, wie Gott Sie zu Seinem Bild und Gleichnis geschaffen hat. Indem ich das tue, gebe ich Ihre wahre Identität zu erkennen, Ihr Christuswesen, und, indem ich Es zu erkennen gebe, bringe ich Es in gewissem Maße zum Ausdruck.

Morgens haben wir fünf oder zehn Minuten Zeit für einen Augenblick der Stille, und wenn wir die Zeit nicht haben, dann sollten wir sie uns nehmen. Dann muß irgend etwas anderes warten. Wir nehmen uns dann einige unserer nächsten und engsten Angehörigen in unserem Haus und versuchen durch ihre Erscheinungsform hindurchzusehen und zu erkennen, daß in ihnen, in ihrer Mitte, der Sohn Gottes weilt: *Ich*, der Sohn Gottes, *Ich*, der Christus Gottes, wohne im Innern. Wenn wir jenen Christus Gottes in ihnen bezeugen, werden wir sehen, wie bald sie darauf reagieren und mehr von ihrem Christuswesen und weniger von ihrem sterblichen Wesen zeigen.

So geht es weiter, bis wir schließlich nicht mehr so sehr auf das menschliche Wesen achten wie bisher. Es fällt uns nicht mehr ganz so auf, wie sie aussehen und was sie anhaben. Es ist mehr ein inneres Erkennen von Etwas, das ihnen aus den Augen leuchtet, manchmal sogar bei denen, die selbst nicht wissen, daß es da ist.

### *Die Anerkennung des Ich in uns*

Vergessen wir nie, daß es ein *Ich* gibt, den Christus unseres Wesens, der an der Tür unseres Bewußtseins steht und darauf wartet, erkannt und anerkannt zu werden. Viele Male am Tage müssen wir unsere Augen einen Augenblick schließen und sagen: „Ja, ich erkenne *Ich* in mir, mein Christuswesen. Ich erkenne, daß dies mein Brot und Wein, mein Wasser und meine Speise ist, daß dies meine Auferstehung ist. Ich erkenne, daß *Ich* in mir gekommen ist, daß ich das Leben und volle Genüge hätte."

Auf diese Weise haben wir dem *Ich*, das an unsere Türe anklopft, Einlaß gewährt. Wenn dann aber jemand in unser

Haus kommt, oder nur in unser Bewußtsein, müssen wir uns vergegenwärtigen, daß dessen *Ich* auch an die Tür unseres Bewußtseins klopft, um eingelassen zu werden.

Wissen Sie, warum jemand, der nicht ganz seinem wahren menschlichen Wesen gemäß lebt, nicht abfällig beurteilt werden möchte? Er weiß gewiß, daß nicht er es ist, der schlecht ist. Es ist etwas, das ihn vorübergehend beherrscht. Ebenso sind nur ganz wenige Menschen wirklich davon angetan, wenn sie gelobt werden; damit meine ich, daß sie um ihrer Güte, ihres Wohlwollens oder ihrer Tugend willen gepriesen werden. Sie würden wahrscheinlich sagen: „Nein, nein!" und zwar aus dem Grunde, daß auch sie wissen, daß es nicht ihre eigenen Eigenschaften sind. Es ist vielmehr etwas, das durch sie hindurchscheint. Wir möchten nicht gelobt werden; aber wir haben nichts dagegen, wenn der Christus unseres Wesens anerkannt und verherrlicht wird. Wir wollen nicht verurteilt werden, weil wir das Böse, das wir tun, nicht tun wollen; es ist vielmehr etwas, was von außen auf uns einwirkt.

Der Hauptfaktor beim Übergang vom irdischen Menschen zu dem Menschen, der sein Sein in Christus hat, beim Verlassen der zwei Welten um der einen Welt willen, ist die Anerkennung des *Ich*.

Dieses mein *Ich* will mein Christuswesen anerkennen und bezeugen, daß in mir ein Sohn Gottes weilt. Es möchte, daß ich ruhig werde und still und empfinde, daß das *Ich* im Innern Gott ist. Dann lasse ich das *Ich* ein. Jeder, der überhaupt zu mir kommt, wünscht und bittet im Grunde, daß ich sein wahres Wesen erkenne, sein *Ich*. Das *Ich* eines jeden von Ihnen klopft an die Türe meines Bewußtseins und bittet, daß ich Sie sehe, wie Sie wirklich in Ihrem Christuswesen, in Ihrer geistigen Identität, in der Würde und Reinheit Ihres Seins sind.

## *Von dem Christuswesen zeugen*

Ein geistiger Lehrer oder Heiler kann unmöglich dem Christus, der in uns verkörpert ist, Anerkennung zollen, ohne dadurch einen Wandel in unserem Wesen zu verursachen. Wenn die Schale, die den Christus umhüllt, sehr rauh ist, so muß dieses Anerkennen einen Tag, eine Woche, einen Monat oder ein Jahr lang fortgesetzt werden, ehe sie nachgibt.

Wir können keinesfalls die Christus-Identität unserer Eltern, unseres Ehepartners oder unserer Kinder bezeugen, ohne sie allmählich zu besänftigen und aufzuschließen. Wir können gewiß sein, daß ihr *Ich* schon jetzt an die Türe unseres Bewußtseins klopft und darum bittet, daß Es erkannt werde. Jeder einzelne unserer Familie bittet uns, daß wir ihn sehen, wie er ist, nicht wie er unter dem Einfluß dieser Welt zu sein scheint.

Das Traurige ist nur, daß wir alle in unserer Umgebung weiterhin so sehen, wie sie in Erscheinung treten, und genau die Fehler, die wir an ihnen nicht mögen, ihnen anheften; während, wenn wir wenigstens das Wort *Ich* über dem Haupte eines jeden sehen könnten und gewahrwürden, daß ihr *Ich* an die Türe unseres Bewußtseins klopft, um erkannt zu werden, wir sie dieser Fehler entheben würden. Dies jedoch dürfen wir niemals offen und nach außen hin tun. Wenn wir beten, dürfen wir es nicht dort tun, wo wir von Menschen gesehen oder gehört werden können. Betreten wir das stille Heiligtum unseres Seins und zollen wir dort dem Ich eines jeden, mit dem wir zusammenkommen, Anerkennung. Achten wir auf das *Ich* über seinem Haupte, dann werden wir Es dort erblicken. Es ist dort; jeder besitzt Es. Und ach! wie es bittet, erkannt zu werden!

An dem Abend, als ich zum ersten Mal aufgefordert worden war, zu einer Gruppe von Inhaftierten im Gefängnis von

Hawaii zu sprechen, hörten sie alle zu, da das *Ich* ihres Wesens, ihre wahre Identität, an die Türe meines Bewußtseins klopfte und um Einlaß bat und ich mein Bewußtsein auftat und sie einließ und ihr geistiges Wesen, ihr geistiges Selbst, erkannte. Sie wollten den Raum nicht mehr verlassen, weil sie wußten, daß in der Minute, wo sie herausgingen, die Wache sie als böse Menschen sehen würde, und sie waren keine bösen Menschen. Sie mögen böse Verbrechen begangen haben, aber wer weiß, welche Versuchungen der Welt das zustande brachten. Abgesehen davon waren sie keine bösen Menschen; sie waren *Ich*, da Gott sie zu Seinem eigenen Bild und Gleichnis geschaffen hatte.

### *Im Dienst erfolgreichen geistigen Heilens*

Wenn ich Ihnen sage, daß wir uns unsere eigene Welt schaffen, dann auf folgende Weise: Wenn wir darauf beharren, einander als irdische, sterbliche Menschen zu sehen — einige gut, einige schlecht, einige gesund, einige krank — dann ist das die Welt, die wir uns schaffen. Wenn uns indessen auch nur ein Minimum geistiger Erkenntnis geschenkt wurde, so daß wir das *Ich* eines jeden Menschen wahrnehmen und in unser Bewußtsein aufnehmen, Es anerkennen und willkommen heißen und segnen, dann wandeln wir unsere Welt.

Danach kommen keine Kranken mehr in unser Bewußtsein. Es ist dann so wie bei einem bekannten Heiler, der ein guter Freund von mir war und der von einem anderen Heiler aufgesucht wurde, der von den großen Heilerfolgen dieses Mannes gehört hatte. Der Heiler traf ihn in einem Büro, wo er gerade telefonierte — zwei Telefone waren ständig in Betrieb — und er sagte immerzu: „Ja, ich werde mich Ihrer annehmen." „Ja, überlassen Sie das nur mir." „Ja, ich werde das sofort vornehmen. Ja." Und so ging es die ganze Zeit ohne Unterbrechung.

Der Mann wartete ungefähr eine Stunde und konnte nicht zu Wort kommen, bis er schließlich zu mir kam und sagte: „Das ist entsetzlich. All diese Menschen erbitten seine Hilfe, und er verspricht sie ihnen, aber keinen einzigen hat er behandelt."

Ich antwortete: „Sie verstehen das nicht. Dieser Mann wendet eine ganz andere Behandlung an als Sie. Verstehen Sie bitte, dieser Mann hat es gar nicht mit Kranken zu tun, die sich an ihn wenden."

„So, das ist etwas anderes!"

Wie hätte er erfolgreich auf geistige Weise heilen können, wenn Kranke sich an ihn wenden würden? Haben wir gelernt, Krankheiten zu heilen? Haben wir eine Ahnung von Anatomie oder Physiologie oder Biologie? Wissen wir irgend etwas über Bakterien oder Knochenbrüche? Selbstverständlich nicht! Wenn wir uns mit Kranken befaßten, könnten wir niemals eine Heilung zustande bringen. Der einzige Grund, warum wir eine Heilung bewirken können, liegt darin, daß niemand anders zu uns kommt als die Söhne Gottes. Das Heilen besteht darin, das zu erkennen.

Jeder, der mir zum Bewußtsein kommt, hat ein Zeichen über seinem Haupt, das *„Ich"* besagt; und dieses *Ich* klopft an die Türe meines Bewußtseins und bittet, daß ich es erkenne, anerkenne und einlasse. Und wenn ich das tue, löst sich seine Sterblichkeit auf, und sehr bald ist der Betreffende gesund, gebessert, angestellt, oder es hat sich irgend etwas anderes ereignet, was sein Leben harmonischer macht.

Das aber geschieht nicht dadurch, daß ich kranke Menschen empfange, die geheilt werden wollen, oder sündige, die gebessert werden möchten. Es geschieht durch ein einziges Prinzip:

durch geistiges Erkennen; ich sehe das *Ich*. Ich erkenne Es, nehme Es an, heiße Es willkommen und segne Es; nach einer gewissen Zeit hat er dann auch das Ich seines eigenen Wesens erkannt.

### *Eine Welt*

Ist es klar, daß es zwei Welten gibt: die Welt „meines Reiches" und die Welt, in der wir männlich und weiblich, jung und alt, krank und gesund erblicken, die Welt, über die wir nach ihren Erscheinungsformen urteilen? Wir dürfen indessen niemals vergessen, daß es in Wirklichkeit nicht zwei Welten gibt, sondern nur eine: die Welt, die Gott erschaffen hat, von der es im ersten Kapitel des Ersten Buches Mose heißt: „Und Gott sah an alles, was er gemacht hatte, und siehe da, es war sehr gut." In Wirklichkeit gibt es so etwas wie eine unwirkliche Welt gar nicht. Es gibt nur *eine* Welt, und diese Welt ist jene Welt.

Wir aber haben eine falsche Vorstellung von dieser wunderbaren Welt, so daß wir, wenn wir sie mit den Augen der Zeitungen, des Radios und Fernsehens erblicken, Haß, Vorurteil, Blindgläubigkeit, Neid, Eifersucht, Bosheit, Krankheit, Sünde, Furcht und des Menschen Unmenschlichkeit sehen. Weil wir nach den Erscheinungsformen urteilen und mit begrenzten Vorstellungen, sagen wir: „Was für eine schreckliche Welt!" Und doch gibt es eine solche Welt nicht, da Gott alles schuf, was geschaffen ist; und alles, was Gott schuf, ist gut.

Jeder Mystiker, der das mystische Bewußtsein erlangte, hat gewußt und offenbart, daß Gott Geist ist und daß unsere Welt ein geistiges Universum ist. Die Welt konnte dies jedoch nicht annehmen. Was der *Meister* „diese Welt" nannte, ist die Welt der materiellen Vorstellung. Heutzutage ist die Idee, daß es keinen physischen Körper und kein physisches Universum gibt, sondern daß das, was Materie genannt wird, geistiger Natur ist, schon weiter verbreitet.

Wir leben in dem goldenen Zeitalter, in dem sich Wissenschaft und Religion in der Erkenntnis begegnen müssen, daß die wahre Welt eine Welt des *Geistes*, des *Bewußtseins*, ist und daß das *Bewußtsein* in Wirklichkeit das Lebensprinzip ist. Unsere Welt ist eine Projektion des *Bewußtseins*, und deine Welt und die meine sind nach unserem Bewußtseinszustand beschaffen.

Es gibt ein einziges unendliches, geistiges, göttliches *Bewußtsein*, welches Gott genannt wird. Dieses unendliche *Bewußtsein* ist dein und mein individuelles Bewußtsein und darüber hinaus das Bewußtsein der ganzen Menschheit: der Menschen, Tiere, Pflanzen und Mineralien. Da dieses unendliche, göttliche allumfassende Bewußtsein individuelles Bewußtsein ist, müssen wir, anstatt nach der Erscheinungsform zu urteilen, uns nach innen wenden und über das Wesen dieser Welt nachdenken und meditieren, bis wir schließlich entdecken, daß alle Aspekte des Lebens mit dem Wort *Ich* zusammenhängen.

### *Ich von Ewigkeit zu Ewigkeit*

Unsere Welt ist das Produkt von dem Maß an *Ich*, welches ich bin, das zum Ausdruck kommt. Wenn wir ganz unbeeinträchtigt wären, dann wäre unsere Welt vollkommen geistiger Natur, unkörperlich, harmonisch, ewig und unsterblich. Wir vermochten jedoch nur ein gewisses Maß dieses unendlichen göttlichen *Bewußtseins* offenbar zu machen, und deshalb ist unsere Welt genau das Maß göttlichen Bewußtseins, das wir verwirklichen können. Was weiterhin an Irrtum in unserem Leben bleibt, ist jenes Maß an Dunkelheit, unser unerleuchteter oder beeinträchtigter Zustand.

Nehmen wir einmal an, daß wir zum Teil durch unsere Vorfahren bestimmt sind, weiterhin durch unsere nationale Herkunft und schließlich noch durch persönliche Familienbande. All' diese Dinge sind bestimmende Elemente. Wenn wir indessen über das, was unsere Nationalität ist, hinausgelangen können, werden wir zu Bürgern der Welt und des Haushalts Gottes. Unbeeinträchtigt sind wir nur, wenn wir die Fesseln der begrenzten Vorstellungen gesprengt haben, wenn wir Gott als den einen *Vater* von allen und von uns selbst erkannt und alle Menschen, ungeachtet ihrer nationalen, rassischen und religiösen Zugehörigkeit, als unsere Brüder und Schwestern angenommen haben.

Außerdem sind wir aufgrund unseres Menschseins durch die Vorstellung der Körperlichkeit gefesselt. Von dem Augenblick der Empfängnis an, die auf der Theorie beruht, daß eine männliche und eine weibliche Zelle zusammenkommen müssen, damit ein Kind empfangen werden kann, ist die physische Vorstellung des Körpers in uns angelegt. Es ist dies eine rein körperliche Vorstellung der Schöpfung. Aber *Ich* ist nicht körperlich. *Ich* ist ebensowenig in eine Zelle eingegangen wie es in einen physischen Körper gekommen ist.

Nach 35jähriger Arbeit aktiven Heilens kann ich Ihnen versichern, daß das einzige Hindernis für eine erfolgreiche Arbeit genau jene Beschränkung oder Beeinträchtigung ist, die immer noch in unserem Bewußtsein wirkt und uns glauben macht, unser Patient hätte einen physischen Körper, dessen Fieber gesenkt, dessen Knoten beseitigt oder dessen Zustand gebessert werden müßte. Natürlich wissen wir beim Nachdenken, daß das falsch ist. Wir wissen, daß wir *Ich* sind; unser Patient ist

*Ich*, unkörperlich, geistig, harmonisch, ganz und gesund. Und doch gibt es Augenblicke, da wir um Hilfe ersucht werden und jener alteingesessene Zustand wieder in den Vordergrund drängt und sagt: „Was kann ich dagegen tun?“ oder „Ich bleibe heute Nacht besser auf.“ Warum? Weil wir immer noch die Gelegenheit wahrnehmen, uns einzuschalten, und zwar aus der Vorstellung heraus, daß wir körperlich seien und physische Körper besäßen.

*Ich* aber ist *Geist*, *Ich* ist *Bewußtsein*, jenes unendliche göttliche *Bewußtsein*, das Gott ist. Alles, was Gott ist, sind wir; und alles, was der *Vater* hat, ist unser. Dies ist eine universelle Wahrheit; das ist die wirkliche Welt. In dem Maße jedoch, in welchem wir beeinträchtigt sind und an einer physischen Vorstellung vom Universum festhalten, werden wir Furcht und Beschränkung erfahren.

Jenes Reich Gottes, das uns der *Meister* suchen hieß, jener göttliche Bereich, ist der wunderbarste Ort des Lebens. Wenn es in der Schrift heißt: „Denn in ihm leben, weben und sind wir“ *, so ist das nicht nur eine leere Aussage; diese Worte beschreiben vielmehr einen tatsächlichen Seinszustand. Es ist möglich, in Gott „zu leben, zu weben und zu sein“, aber nur, wenn wir lernen, miteinander als *Ich* Gemeinschaft zu halten.

### *In der Gegenwart von I c h muß es still sein*

Die Herrschaft liegt in uns. Die Mittel sind die Erkenntnis des geistigen Wesens und Seins jedes Menschen. Dadurch wandeln wir unsere Welt und gewinnen die Herrschaft über sie. Wir erlangen die Herrschaft über Sünde und Krankheit und

* Apg. 17:28.

schließlich auch über den Tod, denn wenn wir unsere geistige Identität erkennen, haben wir Gemeinschaft mit dem, das nie geboren ward und den Tod nicht kennt. Deshalb konnte Jesus sagen: „Ehe denn Abraham ward, bin ich"; er wußte, daß *Ich* nie geboren war, nicht einmal unbefleckt. *Ich* war eben nie geboren, und *Ich* wird niemals sterben. Selbst, wenn der Körper gekreuzigt und begraben wird, so wird doch *Ich* niemals sterben. *Ich* bin bei dir bis an der Welt Ende, und *Ich* wartet immer sehnsüchtig darauf, daß Es erkannt werde.

*Gibt es irgendeine Macht, die das Ich einschränken kann? Gibt es irgendeine Macht im Himmel oder auf Erden, die größer ist als Ich bin? Ich bin das ewige Leben; Ich bin das Leben der Welt; Ich bin die Auferstehung; Ich bin das Brot und das Wasser, die Speise und der Wein. Ich, Ich bin die einzige Macht, die es gibt, und außer Mir ist keine Macht.*

*Gibt es eine Macht im Himmel oder auf Erden, die größer ist als Ich Bin?*

Darüber müssen wir nachdenken, es betrachten, meditieren. Stellen wir uns damit den Wellen, den Stürmen, den Inflationen und Epidemien und den Kriegsdrohungen. Stellen wir uns damit, indem wir erkennen, daß es keine bösen Menschen, keine bösen Mächte gibt. Es gibt nur eine physische begrenzte *Vorstellung* von Gott, von Menschen und dem Weltall. Selbst Gott wurde zu einer Statue reduziert und Seine Macht auf Medaillen. Gott und Seine Macht wurden reduziert zu Menschen und Namen. *Ich* aber ist keine Person; *Ich* ist Gott, und außer diesem *Ich* gibt es keine Macht im Himmel und auf Erden, denn *Ich* allein bin.

Angesichts dieser geistigen Verwirklichung hat die materielle Vorstellung der Existenz keine Macht oder verliert vielmehr ihre vermeintliche Macht, ihren Machtanspruch gerade so, wie wir gesehen haben, daß durch geistige Erkenntnis sogar physische Symptome verschwanden. Gewächse lösten sich auf, das Fieber sank. Mit anderen Worten: die physische Vorstellung löst sich auf angesichts der Gewahrwerdung des *Ich* als Gott.

„Seid stille und erkennet, daß ich Gott bin." Seid stille, und ihr werdet sehen, wie jener göttliche *Impuls* durchbricht. Seid stille und laßt *Ich*, nämlich die *Allwissenheit*, *Allmacht*, *Allgegenwart*, die von niemandem der Hilfe bedürfen, durchbrechen und seht, wie die Harmonie auf Erden einsetzt „wie es ist im Himmel" und die eine Welt des Himmels auf Erden offenbart wird.

JOEL S. GOLDSMITH

## Erleuchtung auf dem Weg zur Verwirklichung

In diesem fundamentalen Werk zeigt Joel S. Goldsmith die Mittel auf, mit deren Hilfe wir auf dem „Weg zur Verwirklichung" voranschreiten können. Er weist zugleich auf das Wesen und die Kraft des Gebetes, sowie auf die Bedeutung der Erkenntnis hin, daß das Erleben der göttlichen Gegenwart die Aufhebung der eigenen Meinung mit sich bringt.

## Die Kunst der Meditation

Meditieren ist keine Arbeit des menschlichen Geistes. Es ist kein Versuch, Gott zu erreichen, da Gott Allgegenwart ist. Es bedarf nur einer Minute solch heilsamer Stille, solch inneren Friedens, und unsere Meditation ist vollkommen. Das einzige, was nötig ist, ist die Fähigkeit, uns selbst auf das Eintreten Gottes in unser Bewußtsein vorzubereiten.

## Die Kunst der geistigen Heilung

Aus seiner Erfahrung als Heiler mit Tausenden von Menschen in der ganzen Welt hat Joel S. Goldsmith hier eine klare, offene und überzeugende Darstellung einer Heilweise gegeben, die in immer stärkerem Maße auf unser eigenes Leben einwirkt und in Zukunft immer größere Möglichkeiten offenbaren wird.

## Der Geist der in uns lebt

Der Weg, den Goldsmith hier weist, ist ungewöhnlich und gerade deshalb vielversprechend. Denn jeder weiß, daß auf den ausgefahrenen Geleisen des Wünschens und Hoffens, des Arbeitens und Mühens sich kaum etwas Nennenswertes für unser persönliches Leben ereignen wird. Deshalb lehrt uns Goldsmith umzudenken, auf andere Weise das alltägliche Leben in der persönlichen Erfahrung wie in den Geschehnissen der Welt anzusehen.

Goldsmiths Sprache ist einfach und verständlich für jeden. Er kann auf einen geschraubten Stil verzichten, denn er hat es mit tatsächlicher Erfahrung zu tun.

„Der Geist, der in uns lebt", gibt eine grundlegende Einführung in die Lehre. Das Werk zeigt an Hand von zahlreichen Stellen der heiligen Schriften des Alten und Neuen Testaments, der Bhagavad-Gita u. a., wie wir das geistige Bewußtsein entwickeln können, wie wir unsere Sorgen abgeben und das Göttliche in unserem täglichen Leben wirken lassen können.

Preis kartoniert DM 24,80; gebunden DM 26,80

**Heinrich Schwab Verlag D-7989 Argenbühl-Eglofstal**